Anne-Marie Ngo Komol

Le regard de mon coeur

Anne-Marie Ngo Komol

Le regard de mon coeur

Un roman autobiographique

Éditions Muse

Imprint

Cover image: www.ingimage.com

Publisher:
Éditions Muse
is a trademark of
International Book Market Service Ltd., member of OmniScriptum Publishing Group
17 Meldrum Street, Beau Bassin 71504, Mauritius
Printed at: see last page
ISBN: 978-620-2-29710-3

Anne-Marie Ngo Komol

Le regard de mon cœur

Un roman autobiographique

Note de l'auteur

La vie n'est pas toujours ce que l'on désire, elle est simplement la vie. C'est pourquoi chaque homme ou femme sur la terre doit s'activer à comprendre les événements qui lui arrivent afin de marquer son histoire dans les annales de ce monde. Après des années de luttes et d'incompréhensions, je me suis décidée à connaître la vérité cachée dans tout ce qui a fait ma vie jusqu'à ce jour. Il m'a été difficile d'écrire ce livre qui parle de ma vie, puisque les forces de l'ombre m'en empêchaient à chaque essai. Aussi, était-il question d'acquérir plus de sagesse et de maturité pour le faire avec exactitude. Je remercie toutes les personnes qui ont concouru à sa rédaction et à sa publication. Par le même élan, je me repens pour toutes les choses que j'aurais dites et qui seraient désagréables à certaines personnes. Mis à part les noms de ma famille, tout autre nom de personne, de lieu, ou d'institution dans ce récit est fictif. Mais, c'est ma vérité personnelle et mon histoire selon le regard de mon cœur.

La grâce divine me pousse à être honnête envers tout le monde au sujet de mon vécu. Il y a des choses que les gens voient, disent ou écrivent sur nous ; elles sont agréables ou désagréables selon la pensée et la conviction personnelle de chacun. Des proches et des inconnus s'interrogent sur les raisons de ma vie actuelle dans le handicap. Je suis connue pour ne pas avoir la parole facile afin d'exprimer le contenu de mon cœur. Mais pour le plaisir de ceux qui ont désiré me voir écrire ces mots, j'ai pu commencer et achever ce livre qui se veut naturel et simple. Avec mes mots, je réponds à ce noble vœu dans l'espérance qu'il soit salutaire et une source de bénédiction pour tout lecteur. Mon désir est de rester « témoin » de la grâce bienheureuse de la vie que m'a donnée le Dieu Créateur et de partager le don de son amour avec tous les hommes.

Anne-Marie Ngo Komol

PRÉFACE

ÊTRE et EXISTER, deux forces qui se livrent un combat muet dans la vie de tout homme, mais plus chez la femme, pire chez une personne vivant avec un handicap moteur, qui comme un cancer, va générer d'autres handicaps : psychologique, moral, affectif, spirituel.

Sur les plans psychologique, moral et affectif, Anne-Marie Ngo Komol est consciente d'être un être entièrement à part, d'où les doutes, les sautes d'humeur, l'agressivité qui constituent son caractère ; mais elle se bat comme toute héroïne, contre des forces super puissantes pour devenir une personne à part entière.

La vie spirituelle de notre autobiographe est la dimension qui saisit le plus le lecteur qui a soif de voir à quel saint elle va se vouer et quel en sera en définitive le résultat. Les mutations, les inconstances et les multiples tergiversations observées tout le long de son parcours, loin d'être des signes de légèreté et d'instabilité au sens premier des termes, sont l'expression de ce manque, de ce doute qui habitent toute personne en quête d'identité : être visible dans un monde où les faibles sont des damnés voués à l'effacement.

L'auteure de l'autobiographie EST : un être humain dans ses forces et ses faiblesses, une femme avec ses représentations fantasmées, une handicapée avec la cristallisation des manques. Anne-Marie Ngo Komol EST, mais veut EXISTER. Elle défie la culture du silence qui caractérise les femmes en général et la personne handicapée en particulier, pour laisser parler le regard de (son) cœur. Oui, l'auteure veut exister, c'est-à-dire relever des défis, imprimer sa marque dans cet océan d'incertitudes qu'est la vie.

De la première à la dernière ligne du roman, le lecteur baigne dans la vie de l'auteure, mais qui en définitive se révèle être la vie de tout Homme : marquée par des hésitations, des hauts et des bas, des forces et des faiblesses, des avancées et des reculs, des inquiétudes et des assurances, des réussites et des échecs.

En même temps qu'Anne-Marie Ngo Komol sait qu'elle est « une jeune en mal de vivre » face à un « Dieu insensible » et qu'« il a fallu emprunter des chemins jamais simples, pleins d'embûches, d'obstacles et faire des choses qui n'ont jamais abouti, ni réussi à faire d'(elle) une personne épanouie et heureuse dans sa vie », elle nous apprend que par la foi chrétienne et un toilettage relationnel, « nous bannissons la tristesse afin que nos vies soient agréables et paisibles ». Les péripéties et rebondissements du *Regard de mon cœur* sont des pédagogies existentielles du fait qu'ils donnent au lecteur des armes pour surmonter les angoisses devant des situations tragiques.

Au-delà de quelques redondances inhérentes au noviciat de la romancière et à son obsession de dire le regard de son cœur, ce roman autobiographique doit être lu dans sa signification la plus simple : une leçon de vie. L'impression d'inachevé devrait être prise comme une ouverture, une main tendue, un appel à chaque lecteur pour mener une réflexion substantielle sur la condition spécifique des personnes handicapées, en vue de réduire les inégalités et les discriminations entre les différentes composantes sociétales.

Dr MAKAMTHE Louisette

Ph. D. en Orature et civilisations africaines

PREMIÈRE PARTIE

CHAPITRE 1

Mes origines.

« Je te connaissais avant même de t'avoir formé dans le ventre de ta mère » (Jérémie 1 : 5).

Avant moi

Mon histoire commence à un début de fin d'année, pendant une grande saison sèche. Cette saison qui se reconnaît par les tourbillons de nuages de poussière que soulève chaque passage du vent. Saison durant laquelle il est facile de prendre un coup de soleil, surtout pour les voyageurs et les touristes. L'herbe est jaune et sèche, les rivières, les sources et parfois les fleuves tarissent et les gens s'en plaignent. À cette période, le soleil fait son effet en fatigant tout le monde. Il est écrasant. Le temps est très souvent court entre le lever et le coucher du soleil ; il peut arriver qu'il soit nuageux, pluvieux et parfois venteux. Mais très souvent les journées sont ensoleillées et douces. La saison sèche est un mélange d'air radouci, d'eaux douces, de feuilles mortes colorées en rouge ou jaune tantôt tapis dans les sols des champs ou des forêts, tantôt dans les terrasses aux jardins en floraison, si elles ne sont pas emportées par le vent. Cette saison donne aussi place aux oiseaux migrateurs, aux insectes qui voltigent dans le ciel, sans oublier les petits vers qui se faufilent dans la terre sèche. Elle fait rêver aux oranges, aux pommes, aux carottes, et aux grandes récoltes de la saison humide. On sent par moment la fraîcheur des matinées ou des soirées, et on voit la terre qui par endroit se fend à cause de l'aridité. Il est alors possible et bien amusant de voir son ombre sur le sol sec ou sur les murs des maisons. Il y a des jours où le ciel est tout bleu et lumineux, certains où il est simplement blanc et vide. D'autres jours, on assiste aux feux de brousse qui annoncent parfois la fin des moissons. À ne pas confondre avec des incendies !

Ce panorama naturel est d'une flamboyante originalité ! Qu'il est beau d'en faire la découverte ! Le mois de décembre était dans ses prémisses. C'est dans ce décor que toute la maisonnée se préparait joyeusement à célébrer trois merveilleux événements : la fête de Noël, la Nouvelle Année et ma naissance prévue pour les jours à venir. Quand je dis maisonnée, je parle ici de ma grand-mère paternelle qui était venue assister ma mère, de mes parents, et aussi de la parenté de mon père dont mon oncle Lex. Ma famille avait toujours été chaleureuse et accueillante. Elle prenait soin de donner chaleur et amour à tout le monde. Quiconque venait à la maison pouvait assister à un véritable rassemblement de convivialité. Aucun des membres n'avait l'esprit malsain pour fermer son cœur aux autres. Ma mère avait épousé mon père certes, mais aussi sa famille. Il est connue dans notre société africaine que, lorsqu'une femme se marie à un homme, elle adopte aussi les siens. Ma famille était comme la plupart, une véritable famille africaine, grâce à la dévotion de mon père et l'amour de ma mère. Donc, avant que je ne vienne au monde, il y avait déjà une histoire d'amour entre deux êtres humains, deux familles, deux communautés. Au départ, ils étaient des amis qui vivaient ensemble, dans l'espoir de se marier et de fonder une famille. Jean et Régine avaient pris le temps de jouer au chat et à la souris, même de se conter fleurette. Dans leur histoire, ils avaient déjà dans leur foyer plusieurs enfants dont Émilienne, Véronique et Eugène. Les deux jeunes gens épris l'un de l'autre avaient fini par s'unir le 30 novembre 1985. Puis, Régine donna naissance à une magnifique petite fille qui scella leur alliance : Suzanne.

Un long voyage !

Vous vous demandez certainement où je me trouve dans cette famille ? Pas de souci ! Après cette union civile qui est venue solidifier les liens familiaux, la vie devint plus sereine et formelle au sein de la famille Mbee. Elle vivait ces beaux jours dans un petit quartier appelé Obili. Les enfants du jeune couple avaient de la joie à vivre avec le reste de la parenté. Cet esprit de famille s'étendait aussi vers leurs amis et relations. Personne n'avait à redire, en dehors de quelques voisins supportant mal quelques broutilles des uns et des autres. Deux années s'écoulèrent et le mariage restait stable. Jean et Régine décidèrent alors d'agrandir leur grenier et tout arriva. Au ciel, une merveilleuse petite fille se préparait à exaucer leur vœu : Moi ! Comme ils l'avaient fait pour moi, beaucoup d'autres parents avaient aussi fait des demandes d'enfants. Un ange avait eu mission d'inscrire dans une liste les noms de tous les bébés qui devaient partir pour la terre y compris le mien. Le conseil divin était d'accord pour me laisser faire un voyage qui allait durer neufs mois ! Je reçus mon guide, et je dus prendre le départ.

À bon port !

Le jeune couple qui était déjà uni par les liens du mariage vivait une chaleureuse communion. Leur dernier enfant était encore jeune de deux ans quand moi, petite graine de vie que je fus, atterris sur la terre pour réaliser un rêve. Je pris place directement au cours du mois d'avril 1987 dans l'utérus d'une brave femme : Régine Mbee. Puis après, cette femme entra dans une nouvelle aventure de la maternité. Pendant les longs mois qui précédèrent mon entrée dans le monde, elle m'attendit avec joie. La grossesse fut pénible pour elle qui était habituellement très active dans son commerce. Elle allait vendre tous les matins jusqu'à son heure de repos et restait longtemps assise. Une position qui ne facilita pas mon bon développement et qui troubla ma croissance fœtale. Petit fœtus dépendant, je fus contrainte de rester dans la même position assise que ma porteuse. Mon corps à l'insu de tous, prit un sérieux coup et prépara le nid à des difficultés futures. À l'époque, me dit ma mère : « Il n'y avait pas de moyens financiers pour faire des échographies afin de savoir comment tu étais dans mon ventre ». Puisque si cela avait été fait me dit-elle : « On aurait dû remédier à ta malformation ». Elle n'avait pas eu la possibilité de faire un suivi prénatal normal, et fut menacée par les maladies et les malaises dues à la grossesse. Avec amour, et habileté, ma mère déploya tous les efforts pour assurer la sécurité de sa vie et de la mienne. Elle veilla à bien manœuvrer son corps malgré les agitations de mon petit être. Elle ne me permit pas de sortir de manière précoce et de tomber hors de son ventre pour connaître prématurément la mort. Je ne peux sans doute pas me souvenir des grands moments de communion et de conversation que ma mère et moi eûmes dans le secret où elle me parlait de son expérience dans la maternité. Une expérience qui lui permit d'affronter ce monde que j'allais enfin découvrir par moi-même.

Certainement, je dus aussi apprendre durant ce temps d'échanges, des choses qui devaient m'être d'une grande utilité à l'avenir. C'est comme si ma mère avait pressenti que ma venue sur la terre allait être un véritable combat. Elle souffrit beaucoup les dernières semaines de la grossesse. Croyant un moment avoir des contractions, elle se rendit dans un hôpital. Le médecin qui la prit en charge lui dit qu'elle avait juste un paludisme. Cependant, on la garda durant quelques jours avant de la laisser rentrer à la maison. Sauf que moi, une fois de plus, je la fis retourner à l'hôpital la semaine d'après. On aurait dit que j'aimais le milieu hospitalier ! Dieu voulant, ce fut la semaine de la délivrance. Il fallait soulager ma mère et arrêter mon petit désordre dans son ventre. Au fil des ans, j'ai pu comprendre et apprendre que j'étais juste en situation d'insécurité dans ses entrailles. Et qu'à ma manière, je luttais pour ma survie puisque la vie se montrait déjà bien difficile envers moi. La veille de ma naissance, c'est-à-dire le mercredi 2 décembre 1987 au soir, ma mère ressentit pour de vrai les premières contractions. Et, elle partit pour l'hôpital. La terre et les cieux furent réjouis de ma naissance. À l'aube du jeudi 03 décembre 1987. Je poussai mon premier cri !

Ma mère avait eu des déchirures quand je sortais de son ventre. Elle ne put me voir ni me porter pendant mes premiers moments dans ce monde. Je fus placée dans un lit dans la salle des bébés. Une femme passa près de moi, vit un adorable petit être, mais remarqua que mon petit corps était mal formé. Elle rechercha ma mère et put savoir qui elle était en me regardant bien du visage. Cette dame la rencontra et lui demanda d'aller revoir la pédiatre pour remédier à ma malformation. J'étais tordue, avec une grosse tête cabossée et le cou mince. La petite fille que j'étais avait bataillé pour sortir du ventre de sa mère, de peur de perdre la vie. Et comme j'étais une commande spéciale, je finis par être remise à ceux qui demandèrent ma venue dans ce monde. Dans une joie mêlée de douleur, mes parents furent heureux de m'accueillir dans leurs cœurs et dans leurs bras, surtout ma mère !

Pendant les premiers instants de leur vie conjugale, ma mère fut assistée par ma grand-mère paternelle. C'est la raison pour laquelle devant les responsables de l'unité médicale, puis devant les autorités civiles, je fus nommée Ngo Komol Anne-Marie. J'étais comme la langue française dit, l'homonyme de ma grand-mère. Elle m'aimait bien. Ma naissance vint changer les choses pour les autres membres de ma famille. Il fallut me faire une place parmi les enfants. Suzie qui avait été le bébé durant deux ans devint une sœur aînée. C'était désormais mon privilège d'être le bébé et la petite dernière de la maison pour quelques années.

Chapitre 2

Ma petite enfance : quand l'argile devient un beau vase !

« Je reste calme et tranquille, comme un enfant auprès de sa mère » (Psaume 131 : 2).

Prémisses d'une vie.

La vie dans ma nouvelle résidence était plutôt remplie d'ambivalence. L'ambiance y régnait, ainsi que les joies et les peines liées au vivre-ensemble. J'étais dans un nouveau monde, bien différent de celui que j'avais quitté. Ce n'était plus les nuages, les anges, et toutes les beautés de cet autre côté de la vie qu'on appelle le ciel, mais les hommes, la poussière et les lumières artificielles de notre terre. Après ma naissance, ma mère repartit auprès de mon médecin pédiatre et reçut d'elle un traitement pour moi. Car, il fut constaté que j'avais consommé un liquide au cours de ma naissance. La pédiatre dit à ma mère que j'avais eu beaucoup de chance puisque je n'ai pas jauni. Elle lui demanda de me mettre sous calcium en forte dose. Ma mère m'a fait comprendre plus tard qu'elle lutta dure mais en vain pour que mon corps puisse avoir une forme semblable à celui des autres enfants. Mais j'avais le corps déformé, le cou tordu et une grosse tête qu'on avait surnommée *noix de coco*. Ce n'était pas le seul surnom de ma tête, mais celui qui était facile à prononcer pour tout le monde. Que dirais-je de mon petit corps ? Pour l'environnement j'étais considérée comme « un enfant serpent », au regard de ma scoliose juvénile. Ma colonne vertébrale était une sorte de ligne courbe, mais rien ne justifiait les propos infamants des uns et des autres envers ma mère. L'amour de mes parents pour moi a triomphé de toutes ces épreuves et ma vie fut préservée. Quelle grâce sublime ! Ma mère joua vite le rôle d'infirmière et de masseuse pour moi. Le soutien du reste de la famille me permit de ramper comme tout bébé, malgré mes chutes et mes cris. J'étais une enfant fragile et peureuse, pleurnichant pour toute chose, ayant une peur immense devant les escargots, les vers de terre, les chenilles. Tout petit insecte ou reptile faisait déclencher en moi un cri strident et suscitait l'attention des autres. À ces moments-là, il m'était particulièrement agréable de me retrouver sur le dos de mes sœurs aînées !

Aujourd'hui encore, Émilienne, Véronique et Suzanne raillent affectueusement le souvenir de notre enfance. Un an après avoir intégré le grenier de Jean et de Régine Mbee, je pouvais être heureuse de relever le premier défi de ma vie : celui de parler. Du babillage aux sons audibles, les mots se formèrent et devinrent des phrases complètes. Mes jours dans la maison familiale distillaient un rayonnement de bonheur et un éclat de lumière pour ce foyer. Tout le monde me fit place, je n'eus pas de difficulté à me faire aimer et choyer, grâce à ma douce nature. Les voisins étaient heureux de mon évolution. Ils ne manquaient pas de me visiter, de porter ma petite personne et de me combler de leurs cadeaux. C'était le bon temps ! Mais je dus apprendre à mes dépens qu'il y a un temps pour toute chose. Les difficultés dues à l'accouchement difficile de ma mère avaient causé d'énormes dommages physiologiques dans mon corps. Ma mère n'avait reçu aucune information sérieuse sur toutes les actions et positions visant à empêcher la survenue des déficiences ou à réduire une limitation fonctionnelle dans la croissance et le développement de son bébé. Malgré son expérience dans la maternité, la prévention médicale n'avait sans doute pas été suffisante.

Grâce infinie !

Trois années plus tard, j'affrontais un nouveau défi, en ignorant que ce dernier allait me coûter tout mon confort habituel, en me faisant pénétrer dans un monde qui m'était complètement inconnu ; le monde de l'école, une nouvelle vie de famille, cependant, pas semblable à ce que j'avais connu depuis mes premiers jours. Ce n'était plus papa, maman et les autres frères et sœurs ! Il me fallait faire face à des nouvelles « mamans » en blouse blanche et de nouveaux frères et sœurs en tablier vert avec les motifs blancs qui devaient partager une partie de mes journées. C'était tout simplement effrayant pour moi qui n'avais jamais quitté les bras de maman et de papa. Je ne voulais pas encore dire adieu aux câlins de mes voisins qui ne manquaient pas de m'arracher de nombreux éclats de rires. Une seule chose me taraudait l'esprit : la peur de l'inconnu. Malgré la chaleur affective des parents voisins, ma relation avec leurs enfants n'était pas si heureuse. Elle ne me comblait pas. J'avais du mal à être acceptée et aimée par ces derniers, à cause de mon état physique. Tous les enfants avaient du mal à jouer avec moi comme les anges du monde entier savent si bien le faire à notre âge : jeu de famille, cache-cache, poursuite, ballon, claquettes etc... Même les petites filles riaient de moi, parce que j'étais une enfant anormale. C'était dur de vivre avec ce sentiment dans la conscience. À ce moment-là, je me sentais obligée de me soumettre à ce que je savais faire le mieux : mendier l'amitié ou l'attention des autres. Même s'il fallait pour cela subir les injures, les moqueries et les comportements hideux des plus vicieux. J'étais très souvent contrainte de rester observer les amusements des autres, d'écouter leurs moqueries sur moi ou encore d'accepter d'être reléguée au dernier rang et aux dernières places dans les jeux. J'étais prête à tout subir et à tous les prix, pour avoir une place parmi mes compagnons.

Ma malformation congénitale aiguë du dos, fit que je ne pouvais pas marcher toute droite et agir rapidement en toutes circonstances. Mal était prise ma lenteur par les autres enfants. Par conséquent, je ne pouvais atteindre le niveau de meneuse d'enfants encore moins celui de filles populaires ou de petites amazones. Je pouvais être tout dans la vie, mais pas de ces catégories de personnes. Une réalité qui fit de moi une frustrée et me chagrina toute ma jeunesse. D'autant plus que, même si je le savais, personne ne m'avait encore dit que j'étais une enfant anormale aux yeux du monde. Hélas, c'était ma peine. Ma mère me révéla un jour qu'on lui disait que j'étais une *enfant serpent* et qu'il fallait par conséquent m'abandonner au bord de l'eau. Ce fut une chose impensable et difficile à faire pour une véritable maman. Elle ferma ses oreilles à tous ces mauvais conseillers et me garda avec le soutien du reste de la famille. J'étais la *petite maman* de mon père ; il était impossible pour lui de me renier à cause de mon imperfection physique qui n'était d'ailleurs que la seule chose qui me rendait différente des autres. Pour le reste, j'avais toute la beauté d'une petite fille merveilleuse : des cheveux remplissant mon crâne, un cœur aimant, un sourire unique à donner et une sagesse particulière pour un enfant de moins de cinq ans. Une vraie préciosité !

Si les enfants me fuyaient injustement dans nos rapports, ceci me donna la grâce de faire partie de la cour des grands très tôt. Les adultes aimaient m'avoir sur leurs jambes, et ne manquaient pas de combler le vide que je ressentais à l'intérieur de moi. La pensée de ne pas être comme tous les enfants en pleine santé psychologique et physique brisait mon petit cœur et perturbait mon esprit. Il me fallait trouver des raisons d'être heureuse et vite ! À cet âge, on n'a pas souvent trop de rêves ; alors, je ne pensais qu'à m'amuser avec mes amis, à vouloir jouer à papa et maman ou encore rêver d'être toujours le joli cœur des autres. Toutefois, je me demandais si moi j'avais des amis à moi, car au fond de moi, je voulais simplement être une véritable amie pour tout le monde.

Chapitre 3

Mon enfance

« Je grandissais et progressais en sagesse et je me rendais agréable aux hommes » (Luc 1 : 80).

Un nouveau monde

Je ne m'y attendais pas. Cloîtrée dans ma petite bulle, rien ni personne à mon souvenir n'avait pu me dire un jour : « Petite Anne, bientôt tu iras à l'école », pour me préparer à sortir de mon confort et à affronter ce monde rempli de tableaux noirs et de craies blanches. Raison pour laquelle, il ne fut pas facile pour moi de m'intégrer à l'univers de l'école. Je pleurnichais et m'accrochais aux pieds ou aux vêtements de mes proches. C'était comme ça tous les jours. Mais plus tard, la maternelle devint pour moi un lieu plein de joies et de découvertes, même si au fond de moi, mon cœur demeurait perturbé. Je trainais toujours les pas. Et, je me rendais boudeuse à tous les carrefours. Ah ! Suzanne. Elle n'oubliera jamais ces longues marches pour m'accompagner à l'école.

Alors que pour moi, le mot amitié n'existait pas, j'eus la grâce de le connaître un matin de classe, par Poupina. Je me trouvais au milieu de mes camarades, en l'absence de la maîtresse. Un groupe d'enfants se permit de s'amuser à faire peur aux timides et à toucher leurs effets scolaires. J'étais assise à ma place sans rien dire ni faire, quand soudain, je vis près de moi une petite camarade qui se tenait sur la défensive. Il m'est arrivé de me dire qu'elle semblait très avisée sur les agissements de ces fauteurs de trouble. À y penser, Poupina ne comptait pas laisser l'un d'eux me faire du mal. Elle récupéra mes affaires et me protégea contre les vilains camarades, jusqu'au retour de la maîtresse. Ce fut pour moi un moment inoubliable. Suzanne me dit souvent que cette petite fille fut « mon ange gardien » tout au long de nos petites études. Chaque fois que j'étais menacée, Poupina prenait ma défense avant d'aller chercher le renfort. Je pleurais, et ne parlais à personne, ne voulant plus qu'on me nuise. Ce qui devint une habitude chez moi. Je n'aimais pas la violence. Cette habitude poussa mon père à me qualifier de personne amorphe, c'est-à-dire sans énergie. J'avais au moins gagné une amie que je ne l'oublierai jamais.

Un petit bout de femme !

Je traversais le cap de ma petite enfance, et tout bascula des années plus tard. Dans ma famille, il y avait des changements remarquables dans l'air. Mes parents eurent leur second fils, et je n'étais plus le dernier enfant ! Il en était temps. J'étais déjà en âge d'avoir un cadet. Et comme Suzanne me laissa la place, je dus faire de même avec Olivier. Il vint comme un ouragan bousculer ma petite vie tranquille. Mes petits voisins n'étaient pas toujours attachants, ce qui ne me rendait pas la vie joyeuse. Je me souviens du petit cercle de voisins proches dont le meneur se nommait Guino. Il n'aimait pas du tout ma compagnie. Mais, avec un souvenir vague et le témoignage de ma famille, je me rappelle qu'il était mon héros ! Un petit meneur qui dictait sa loi à tout le monde, mais en me laissant en second plan. Chose incroyable, mais vraie : il fut mon premier coup de cœur dans la vie sentimentale. J'avoue qu'à y penser ce jour, j'étais vraiment précoce ! Je n'avais même pas attendu d'avoir dix ans, pour avoir mon premier coup de foudre !! Même si ce petit chef n'avait que faire de moi, j'aimais marcher derrière sa troupe. Des fois, quand je ne voulais pas subir le rejet des autres, j'allais trouver refuge auprès d'un autre grand ami *Lebon* qui lui aussi a eu une présence forte dans mon enfance. Je ne me rappelle pas les traits de son visage, mais je peux ressentir à travers des souvenirs, que je fus aimée et choyée de lui. Certainement, j'ai connu des journées à être portée, comblée de ses biscuits et friandises voire savourer des siestes gratuites avec lui. J'étais sans peur, et contente. Au moins là, j'oubliais mes peines.

La vie me souriait, et je lui répondais par un sourire radieux. Je menais une enfance plus ou moins tranquille. Je profitais des douces tendresses et des soins de ma famille. Pour dire vrai, j'étais l'enfant le plus calme de mes parents quand on repense aux frasques de mes frères et sœurs. Chaque personne aime bien se rappeler son enfance et son adolescence. Ce sont des moments à jamais gravés dans nos cœurs, qui nous remplissent toujours de joie, malgré les gaffes commises ou les coups de fouet reçus. Les joies et les peines des enfants joyeux dévoilant une période qui est un véritable apprentissage et une bénédiction pour chacun de nous. L'avenir était encore loin devant nous, un nuage lointain. Seul le présent comptait et la vie à la dure que nous avions à la maison. Tout n'était que discipline un peu comme dans l'armée, bien que tout se faisait exactement dans un gant de velours, conformément à la droiture imposée par les parents. Il fallait bien que nous profitions de nos jeunes années, comme si nous pressentions que des choses tragiques allaient arriver dans notre famille. Mes aînés aimaient se promener, jouer à tout vent quand l'œil de la caméra parentale était braqué hors de leur vue. Et alors, il ne manquait jamais de représailles, car un enfant reste un enfant devant son parent. Et pour des parents vigilants comme les nôtres, l'œil de leur caméra ne ratait presque rien. Même nos silences, nos réserves, nos humeurs ou nos actes enfantins étaient des messages forts pour eux.

Mon père, marqua ma petite enfance, par deux moments forts de ma vie. Le premier : un midi, de retour des classes. Il était venu me chercher pour rentrer à la maison. Mais, nous fîmes un détour par Nsimeyong II. C'était un nouveau quartier pour moi. Accrochée à lui, je regardais la grande maison en chantier qu'on construisait sur le terrain familial. Les maçons et les menuisiers étaient à l'œuvre. Malgré moi, je ne pouvais échapper aux jeux des maçons qui, éblouis par la beauté de mon visage, me taquinaient à tout instant et me prenaient pour leur *petite femme*. Parfois, j'en riais. Souvent, je sentais de l'irritation devant tant d'insistance vis-à-vis de moi. Le temps passant, je pus m'adapter à leurs taquineries. Tant que j'étais avec mon père, tout allait bien. Je n'avais pas peur, car, il était mon héros !

La vie en communauté !

Une nouvelle réalité vint s'imposer à moi. Je compris que la vie allait prendre un nouveau tournant. Mon père avait maintenant une bonne situation professionnelle et des moyens financiers permanents. Il se plaisait même à nous amener dans des grands magasins pour faire du shopping et manger de friandises rares et autres produits exotiques. C'était la belle époque, proche d'un paradis ! Un an après la naissance d'Olivier, ma famille se déporta pour aller s'installer dans notre maison familiale. Le nouveau quartier était encore une petite forêt. Il y avait peu d'habitants. Un matin, Eugène dont la présence fut forte et claire dans mon esprit sorti pour une ballade. Comme ce fut le cas jusqu'à ma jeunesse, je suivis ses pas. Eugène était pour moi une boussole, que je suivais tout au long de ma marche pour avancer dans la vie. Nous nous retrouvâmes près de la maison d'une famille voisine et inconnue, lorsque nous vîmes sortir un petit garçon sur la véranda d'une maison. C'était un petit homme, Bertoni. Mon frère et lui se prirent de sympathie. Nous passâmes un moment à bavarder ensemble. Après, il dut rejoindre ses parents. Non loin, vivait une autre famille. C'était la plus accueillante et la plus familière vis à vis de mes parents. Et je me pris d'amitié avec l'une des filles de la maison. Moïra m'était sympathique. J'avais de la joie à rire avec elle, mais elle était plus proche de ma sœur Suzanne. Ce n'était pas facile de me familiariser avec les gens. Je me tenais en retrait pendant les moments qui unissaient les uns aux autres. Rares furent les jours où ma timidité et ma peur me laissèrent passer des matinées et des soirées amusantes et agréables en compagnie de mes nouveaux amis.

D'autres familles vinrent peu à peu s'installer et agrandirent le quartier. Celle de ma petite Vanella en amont de la maison, ou encore en aval la famille de Mouna. Je pouvais me rendre chez Dorcas, bavarder avec Katiana, jouer avec Gaston et Bertoni. Où encore compter sur Mathis pour assurer mes ballades. Toutes ces familles remplirent de gaieté mes tendres années et influencèrent mon comportement. Je grandis au milieu des personnes sociables comme dans tout milieu où il y a des hommes. Il arriva quelques fois, que je fis chemin seule ou presque, mais en accord avec mes amis. Hélas, malgré cette chaleur et la vie ensemble, j'avais toujours du mal à trouver ma place dans ce flot d'enfants. J'aimais jouer ou parler avec les autres, mais je me plaisais plus à rester comme ces joueurs de foot au banc de touche attendant qu'on leur donne une occasion de briller et de marquer des buts aux yeux des nombreux spectateurs. Mon isolement était parfois frustrant pour moi et me rendais très triste. Mais, je ne pouvais rien changer, ni leur imposer de m'aimer ou de me donner des occasions de briller comme eux. Je me sentais nulle et inutile. Pourtant, j'aimais mes amis et la vie quotidienne au milieu de tout le monde. Il me fallait uniquement voir les choses du bon côté malgré le sentiment de rejet et l'adversité. Une pensée qui me porta haut, sur les plus grandes montagnes de ma vie. Grâce à elle, j'ai pu avec les années, traverser les plus sombres vallées. C'est ainsi que, l'essentiel devint pour moi, rien que la simple joie d'être avec les autres.

Chapitre 4

Mon adolescence

« Chez vous la fidélité est morte, elle a disparu de vos propos » (Jérémie 7 : 28).

Désamour

Ensemble, nous menions une vie communautaire et nous étions solidaires. Aucun nuage sombre n'était encore venu obscurcir notre ciel. Ce nouveau quartier dans lequel je vivais avec ma famille, aurait pu être un petit coin heureux et sans histoire. Mais chaque quartier a ses infortunes et ses bonnes aventures. Le mien aussi eut naturellement son lot. Mes parents furent des personnes ouvertes et accueillantes pour tout notre entourage. Notre maison était très fréquentée, ce qui créa des liens solides et des centres d'intérêt communs : jeux, causeries, fêtes, loisirs et disputes. Rien ne manquait à notre vie communautaire. Nous partagions nos maisons, nos jouets, nos affaires et même nos amis. Ce qui remplit ma mémoire d'innombrables souvenirs. Les souvenirs des bons moments que nous passions à regarder la télévision, à écouter la musique, à jouer au ballon et aux cartes. Sans oublier les fêtes de Pâques, de Noël, et de fin d'année que l'on fêtait d'une maison à une autre maison. Nous profitions aussi des jours fériés où certains se prenaient pour des héros et des héroïnes des dessins animés qui remplissaient nos jeunes esprits. Puis, il vint le temps des regrets à cause des problèmes et des considérations humaines qui divisèrent les familles. La vie dans notre quartier devint moins chaleureuse au point où à une époque il fut surnommé *Katanga* à cause des bagarres, des disputes ouvertes et houleuses dont la conséquence était une animation malsaine dans notre vie de tous les jours. C'était désagréable et décevant pour tout le monde. Vivre ensemble a ses hauts et ses bas, c'est une réalité. Mais rien ne peut entièrement briser des relations liées par l'amour.

Mes parents avaient donné, à mes frères, mes sœurs et moi, une éducation dans le respect de la famille et des aînés. Dieu était pour nous comme le « Dieu inconnu » d'Athènes pour les Grecs de l'époque biblique. Ma mère, fervente croyante et membre à l'Église évangélique ne cessait de nous communiquer les valeurs chrétiennes. Elle s'activait sans relâche, à nous amener au culte du dimanche pour chercher et connaître Dieu. C'était une chose pas toujours facile pour des petits enfants, mais possible à cause de son instance et de l'attrait qu'avait la maison de Dieu sur nous. Nous apprécions le culte d'enfants avec ses activités divertissantes, enrichissantes et formatrices : chant, danse, lecture. Les moniteurs étaient des éducateurs amusants. Cette passion nouvelle et saine nous faisait oublier les vicissitudes de la vie quotidienne. De mon côté, la quête de la vie de Dieu suscita en moi l'amour pour la lecture et le chant. Dès lors, chacune de mes journées était arrosée des cantiques que j'apprenais dans le livre *Sous les ailes de la foi* dont s'était procuré ma mère. C'était une vraie source de réconfort et de consolation pour mon cœur brisé par le rejet et l'indifférence de mes contemporains, bien que je me sois peu à peu habituée à cette situation. Une situation, qui d'un côté me causait des blessures émotionnelles et d'un autre forgeait mon caractère pour l'avenir. Je devins vite une adulte en trouvant des moyens de surmonter mes douleurs. Le grenier de mes parents grossit encore par l'arrivée de Jean-Jacques. Le « tout » de ma mère, après Dieu. À lui seul, il représentait son père, son mari, son frère et son bébé. Il vint mettre un terme à la liste des nombreux enfants de mes parents. C'était la joie et le bonheur à la maison.

Mon père veillait à notre scolarité et notre mère était celle qui surveillait nos cahiers. Elle aidait chacun à faire ses devoirs. Personne ne souffrait de l'absence d'un soutien parental. Malgré toutes les difficultés, nos parents étaient toujours présents pour nous. Ils faisaient tout pour que nous ayons une bonne santé et notre entretien ne souffrait de rien du fait que mon père avait des avantages dans la société qui lui avait fourni du travail. Quant à moi, je continuais d'imaginer un monde sans souffrance ni problème, où je vivrai heureuse. L'école me souriait avec sa promesse de m'assurer un travail et une vie active dans le futur, à l'image de celle de mes parents et des familles plus aisées. Je faisais de mon mieux pour réussir et traverser les classes. Les aînés étant déjà au cycle secondaire, mes parents décidèrent de me m'inscrire dans une école privée à quelques mètres de notre maison. C'était fini les longues marches sous le soleil ou la pluie. Finis les égarements en chemin pour moi, ainsi que pour Olivier. Alors j'entrais au CM1 dans ma nouvelle école ; je butai très vite parce que le système éducatif avait changé. Ce n'était plus l'enseignement simpliste de l'école publique que j'avais reçu depuis la maternelle. Les méthodes d'apprentissage étaient plus dures et rigoureuses. Je ne m'y attendais pas.

Mais subitement, la vie familiale changea peu à peu à la maison, à l'insu des enfants que nous étions à ce moment-là. Mes parents se disputaient très régulièrement. Ils étaient devenus un couple qui ne s'entend pas, un couple qui crie et ne parle pas. C'était devenu infernal ! À partir de mes années d'adolescente, mes parents ne dialoguaient plus et ils s'affrontaient sans arrêt. Ce n'était plus une incompatibilité d'humeur, mais une histoire qui tournait mal dans ce foyer. Comme dans des milliers de familles du monde, mes parents faisaient face à un problème que je nommerai : deuxième ménage.

Mauvais changement.

Lorsque ma mère eut connaissance de la nouvelle liaison de mon père, elle en eut le cœur brisé et géra tout en silence, puisque mariée pour *le meilleur et pour le pire*. Le meilleur était passé et le pire était déjà là. Au départ, elle pensait pouvoir vivre sans souci malgré la seconde union de mon père.

Malheureusement, ceci ne put être possible. Et quand elle voulut faire valoir ses droits, ma mère prit un coup dans le cœur. Sa soumission et son affection ne furent pas suffisantes pour créer un climat favorable au sein de la maison. Elle pouvait revendiquer sa place de femme légitime, mais mon père était devenu un homme sans foi ni loi. Seule sa propre loi comptait ! Commença alors progressivement, la décadence familiale qui marqua son histoire dans les annales de notre quartier. Une histoire qui rongeait les cœurs des plus jeunes et révoltait ceux des aînés. Une vie tragique qui faisait mal à voir et mal à vivre. Mon père était devenu un homme colérique, qui ne manquait pas la moindre occasion pour créer des conflits. Peu à peu, il devint très absent et entra dans une vie festive arrosée de plaisirs. Cette vie qu'il menait avec d'autres personnes et loin de sa famille. Il sortait constamment et laissait ma mère seule à la maison. Leur vie à deux qui était souvent animée devint morose et remplit de cris, de reproches et de paroles amères. J'étais alors perturbée par cette nouvelle situation qui faisait de nous, enfants, des victimes d'un triste destin.

J'entrepris de vivre ma vie en me fermant à toutes ces choses qui avaient blessé mon être. Ma joie d'être une enfant adorée avait disparu. La petite Anne qui rêvait d'un bonheur commun perdit ses repères. Elle se sentait maintenant seule dans son monde. Son *Super papa*, le héros de ses jours n'était plus là. Rien ne devint plus précieux en dehors de ma propre vie et mon devenir personnel. Je ne voulais plus mendier ni supplier l'affection des autres. Je ne me souciais plus de voir les gens avec ou sans moi. Avec le temps, je compris que ce n'était pas normal de toujours chercher à plaire aux autres en me reniant moi-même. Il me fallait commencer à vivre dans un repli salvateur, ce d'autant plus qu'on n'acceptait pas toujours ma fragilité. Je pris donc sur moi de m'isoler, ne pouvant rien changer au fait que je sois née avec une infirmité dorsale. Pendant longtemps, je m'en voulus et me sentis responsable de tout ce qui pouvait arriver en ma compagnie, surtout quand on me donnait ne serait-ce qu'une petite responsabilité. J'avais le sentiment que tout était ma faute lorsque dans mes amitiés ou les relations les liens étaient brisés. Je vivais dans la fausse culpabilité. Aujourd'hui, je me rends compte que la plupart du temps, je n'avais rien fait comme mal. C'était une injustice qui m'a rendue si souvent malheureuse.

Chapitre 5

Un trésor presque perdu

« On n'ose pas te parler, tant tu es déprimé » (Job 4 : 2)

Piégée

J'entrais dans ma dixième année quand ma vie bascula. D'habitude ouverte aux autres, je fus très vite prise dans le piège de l'enfermement. Il est vrai que la grâce divine m'avait procuré d'une figure très ravissante, mais je m'en voulus pendant longtemps de cette grande beauté. Surtout après le drame que je connus cette année-là, au point où je finis par renier cet aspect de ma nature. J'avais perdu mon trésor dans une maison non loin de chez nous, qui abritait une famille que j'appréciais et fréquentais beaucoup entre mes sept et dix ans. J'y avais un ami. Zi était mon meilleur compagnon et partageait mon quotidien. Il avait su dépasser les pensées des autres sur moi et me faisait découvrir la vie. Avec lui, je partais à l'école et je découvrais des endroits inconnus. C'est comme ça que naquit mon goût de l'aventure et des promenades. Qu'il pleuve ou qu'il fasse soleil, nous nous baladions avec ou sans les autres. Pour une fois, j'étais vraiment libre et heureuse de vivre pour moi-même. Sa présence dans ma vie donna aux autres le désir de me connaître et de me prendre en amitié. Ce n'était pas toujours facile, puisque parfois il s'éloignait de moi pour être avec les autres filles et leur plaire. Pendant ces moments, je plongeais dans la solitude et la mélancolie, me contentant de me rappeler nos éphémères instants de joie.

Un incident malheureux vint ternir ma réputation ; un membre de la famille de Zi s'intéressa à une de mes sœurs aînées. Du moins, c'est ce que je crus au départ. Un matin, je marchais dans le quartier. Me promenant comme j'aimais à le faire, quand Saleman prit sur lui de m'interpeller. À l'instant, j'avais vu en lui l'ami de mon oncle Lex ; donc, un familier qui m'inspirait confiance. Je m'étais alors rapprochée de lui. Saleman me parla plutôt de ma sœur et m'envoya auprès d'elle. Il voulait soi-disant « une cassette » qu'elle devait avoir avec elle. En retour, il devait me donner un dû. Le piège pour tout enfant. J'étais contente de la récompense promise : l'argent ou des friandises. Et ne me fit aucun souci. C'était pensais-je, un ami de mon oncle Lex. Ma sœur refusa de répondre à sa demande et je dus rentrer transmettre la nouvelle afin de prendre ce qu'il m'avait promis. Naïve et seule, je fus dupée par ce grand garçon qui à mon souvenir était un homme en tenue. Il me manifesta de l'admiration et commença à me parler de manière intime. Je n'y comprenais pas grand-chose. Saleman ne tarda pas à me faire entrer dans la maison pour profiter de moi.

Cet épisode fut dramatique pour moi. J'étais comme sous un charme et une menace. J'avais peur et j'étais bouleversée. Ma confiance en sa gentillesse était brisée. De la véranda au salon, du salon à sa chambre, Saleman abusa de moi. Il m'avait dès lors entraînée dans le couloir de la vie de couple, interdit aux enfants. Je pris conscience de la gravité de la chose trop tard. Il avait oublié dans sa bassesse de fermer les portes de la maison. Le retour de Zi mit un terme à son acte malsain. Zi et Bertoni qui venaient d'assister à la scène partirent raconter l'incident. Aux alentours, les gens apprirent ma mésaventure. Quand mes parents furent au courant de cette triste affaire, je fus dans la panique. Je me sentais en faute devant tout le monde. Alors que je redoutais la colère de mon père et comptais sur la clémence de ma mère, tout se passa différemment cet après-midi-là. Je subis la colère de ma mère et mon père me surprit en me prenant à l'écart pour une causerie dans le calme. C'était avec franchise et sans cri. Depuis ce jour, j'appris à être franche et directe dans mes conversations avec tout le monde. Il régla ce problème avec sagesse. Malheureusement, il ne put mettre main sur Saleman qui avait fui. L'orage passa, mais la honte resta en moi.

Partout, on me regardait comme une « fille facile », et cela fut ainsi pendant des mois. Les enfants chuchotaient après moi, les jeunes mettaient plus de distance entre nous. Mais les adultes qui comprenaient la situation me soutinrent pour que tout ne devienne qu'un souvenir et que je continue à vivre. L'année scolaire s'acheva sur un échec. C'était évident que l'année suivante, j'allais reprendre la classe. Les vacances ne me disaient rien de bon. Je n'avais plus la force de me révolter et le courage de vivre avec les autres. Peu de temps après cette histoire, je devins encore plus malheureuse que par le passé. Les enfants de mon âge ne voulaient plus jouer avec moi. Ils pensaient tous que j'avais provoqué ce qui m'était arrivé. Je me sentais mal et ne pouvais me confier à personne. Les parents décidèrent de nous faire partir en vacances au village.

Une étincelle spirituelle !

La vie au village me paraissait ennuyeuse. Ma seule joie était de voir mes grands-parents paternels. C'était toujours un bonheur d'entendre mon grand-père m'appeler *Mwa wem,* ma femme en langue bassa'a. J'étais folle de joie de porter le nom de sa bien-aimée. J'aimais voir mon grand-père Eugène vaquer à ses travaux champêtres ou encore à son service ecclésial dans la petite église du village située à deux pas de sa maison. C'était un fervent chrétien, et il s'y rendait régulièrement pour le culte de dimanche. Soit pour dire une prédication ou un enseignement. Mon grand-père était ancien de l'église et évangéliste. Il allait toujours en mission dans les villages voisins, ce qui fit sa renommée. Jamais il ne manquait un *meeting*, une sorte de rencontre chrétienne qu'organisait l'église locale du village ou les autres paroisses qu'il fréquentait dans sa marche avec Dieu. Il fut le pilier et le modèle de vie chrétienne de notre famille. Jusqu'à sa mort, il ne manquait pas de nous recommander à Dieu. Les vacances de cette année 1998 furent mouvementées pour la famille ; ma mère était avec nous et comme à son habitude elle ne manquait pas de nous traîner à la suite de grand-mère Véronique ou de la sœur de mon grand-père *Madjo man* comme nous l'appelions tendrement, pour aller aux champs. Lorsqu'on n'allait pas au champ, il fallait puiser de l'eau à la source et s'aventurer dans les forêts du village avec d'autres enfants à la recherche des fruits ou des aliments pour assurer nos siestes ou nos veillées. Il y eut un dimanche gravé dans ma mémoire, au souvenir de mon grand-père prêchant sur l'autel de l'église du village, les mains nouées derrière son dos comme d'habitude. Cet instant fut pour moi l'heure de la révélation, de l'éveil spirituel, d'une vocation. J'eus la conviction que tôt ou tard, je deviendrais comme lui : enseignante et missionnaire. J'irais aussi partout annoncer l'Évangile.

Hélas pour moi, ce fut les dernières vacances que j'allais passer au village jusqu'à ce jour. Durant mon séjour chez mes grands-parents, je vécus des phénomènes mystérieux qui me firent développer une immense peur. Ils furent cruciaux pour mon avenir. Au village, c'est à peine si je pouvais faire les travaux rudes comme à la maison en ville. Je tombais régulièrement en allant au champ. Un matin, je m'étais retrouvée seule dans la maison avec mes petits frères. Les autres étaient au champ. Je me surpris à ressentir des présences humaines dans la maison et à l'extérieur, mais je ne voyais personne. J'eus le sentiment d'entendre aussi des voix et d'être épiée par des gens. Je fis part de mes craintes à mes frères. Nous décidâmes alors de fermer toutes les portes et les fenêtres jusqu'au retour des autres. Apeurés et enfermés, nous attendions en silence. Quelque temps après, les enfants du village vinrent dans la cour. Leur intention était de jouer avec nous, mais nous ne voulions pas ouvrir les portes. Ils ne manquèrent pas de nous chercher querelles. À partir de ce jour, je ne me sentis plus en sécurité et je voulais juste rentrer en ville. Surtout que je ne voulais jamais croiser, ni saluer le « sorcier » imaginaire, mais « connu » de tout mon village. Je commençais à avoir peur de toute chose et de tout le monde. Brutalement, mon être s'était ouvert au monde spirituel.

Au retour des vacances, nous prîmes conscience que tout avait changé dans notre famille. La double vie de mon père n'était plus cachée. Je me réfugiais dans la lecture et l'écriture pour exprimer mon désarroi. Je rédigeais des histoires qui ne virent jamais le jour. Elles finissaient toujours dans les poubelles. Cela était dû au manque de confiance et la mésestime de moi. Ma mère s'était résignée et pareil pour moi ; nous souffrions en silence. Je ne voulais plus me battre avec la vie. J'ai pensé et voulu me suicider à plusieurs reprises pour m'éviter de continuer à souffrir, mais je ne pus réaliser cet acte odieux et lâche. Ce n'était pas la meilleure solution. Ni pour moi, ni pour aucun autre homme. Ce qui me poussa à rechercher et aimer la compagnie, et les conseils de Lex. Il a été pour moi un repère et un soutien, quand tout allait mal.

Chapitre 6

Une brèche dans la maison

« C'est vrai Dieu m'a percé de ses flèches, et j'en ai absorbé le poison qu'elles portent » (Job 6 : 4).

Lueur d'espoir.

Lex m'a appris de grandes et belles choses dans la vie. De lui, je sus comment bâtir mon caractère et me donner une personnalité forte. Quand il était absent cela me rendait triste et j'étais tentée de haïr les autres. Chacun de mes frères et sœurs menait sa vie et s'épanouissait à sa manière en surmontant les difficultés liées à notre vie familiale. Il me semble que nous nous éloignions les uns des autres à force de réagir et de prendre parti dans les conflits familiaux. Mon seul désir était d'être avec tout le monde et heureuse, même s'il fallait accepter le deuxième ménage de mon père. Ce n'était qu'un rêve d'enfant. Malgré nous, tout devint plus dur au fil des années. Mon père s'autorisait tout et limitait les actions des autres, même notre liberté de pensée. C'était difficile de l'aimer comme époux et père avec son caractère irascible. Cependant, tant bien que mal, il veillait à notre éducation comme avant et il nous fallait tenir les notes scolaires qu'on avait de la peine à remonter. Se nourrir et se vêtir devinrent une affaire de providence. Malgré toute ma volonté, je ne pus empêcher ce qui arriva. Les problèmes de mes parents leur ôtaient la prudence et la vigilance qui marquèrent leurs premières années de mariage. Notre famille était exposée à toutes sortes de méchancetés et d'oppressions. Suite à des problèmes de santé, grand-mère Véronique et sa sœur Agnès vinrent à la maison. Je commençai à avoir des troubles émotionnels qui me firent me replier sur moi-même. Je vécus un éveil sentimental qui me brisait le cœur. Après l'incident causé par Saleman, je ne me fiais plus aux garçons. Les seuls que je côtoyais encore étaient mes petits frères et leurs amis. Je garde toujours en mémoire mes jeux et causeries avec deux d'entre eux : Max et Vic. Ils étaient présents pour moi et tout près pour partager rires et peines. Je pouvais être avec eux sans gêne ni souci, intime et fraternelle collaboration qui dure jusqu'aujourd'hui. J'éprouvais aussi un grand plaisir à évoluer dans le monde des enfants et j'encadrais les plus petits à l'école comme à la maison. C'était une ancre de vie pour moi.

Malgré le drame qui allait me rendre infirme, j'étais une jeune adolescente qui voulait vivre et réussir sa vie. Je ne regardais plus les autres comme supérieurs à moi. Je ne permettais plus aux autres de gâcher ma vie. Je nourrissais le rêve de faire de grandes études et d'avoir un métier : avocate, styliste-modéliste, médecin, assistante sociale ou femme d'affaires. Je voulais relever mes notes. J'étais alors en classe de CM1 pour la deuxième année. Selon la volonté parentale, je poursuivais mon cycle primaire dans la même école privée. Mon nouveau maître était compréhensif et bon éducateur. Il marqua ma vie et ma pensée. Je n'étais pas une excellente élève et mon échec me rendit encore plus disciplinée à l'école. Je faisais tout mon possible pour rester dans la moyenne afin de ne pas tripler la classe. Nous étions en 1999, mon père surveillait mes études comme pour les autres de manière stricte. Il ne manquait pas d'exprimer son mécontentement par rapport à mes notes. Je dus subir des réprimandes déplacées qui ne construisirent pas mon assurance. Certes vouloir que son enfant réussisse et devienne meilleur est un souhait noble pour un parent ; toutefois, la manière de procéder peut avoir un effet contraire. Les paroles de mon père ne restèrent pas dans le vent. Il disait des choses dans la colère et le diable s'en servait et se réjouissait de mettre tout en œuvre pour ruiner ma vie. Je me souviens d'un contrôle scolaire que j'avais raté et mon père me fit un reproche sur ma faible capacité pneumo technique pour assimiler et appliquer les cours afin d'obtenir de meilleures notes. Ce jour-là, il me dit une phrase à la légère qui se réalisa de manière partielle deux ans plus tard. « Si tu échoues, tu iras au village l'année prochaine pour récolter les arachides avec ta grand-mère ». Une manière de me dire qu'en cas d'échec, il ne ferait plus attention à mes études. Mon cœur fut meurtri. Il ne s'était jamais demandé s'il y avait une raison profonde à cette lacune. Les parents pour la plupart ne se rendent pas souvent compte de l'impact destructif de leurs actes ou de leurs conflits dans la vie de leurs enfants. Et alors, quand ils prennent conscience de cela, il est trop tard. Ils sont des parents présents et en même absents de la vie de leurs enfants. La confiance que j'avais en mon maître Esdras me permit de lui présenter ma situation. Ce dernier me donna pour conseil de faire tout pour réussir et montrer à mon père qu'il avait eu tort. Je m'y appliquai et la semaine d'après, j'eus une bonne moyenne au contrôle hebdomadaire. Depuis lors, je fis tout pour rester une bonne élève afin que ma famille soit toujours fière de moi.

Des coups.

La vie n'était pas rose, mais je surmontais tout pour me procurer un peu de joie et de répit, jusqu'au jour où, alors que je me trouvais en classe, un incident faillit me coûter la vie. J'étais connue pour être « la malade » de l'école. Je n'avais que quelques rares amis comme Corinne sur qui je pouvais compter. Tout commença lors d'une pause récréative, pendant que je jouais *aux claquettes* en salle avec mes amis, quand une élève venue d'une autre classe pénétra dans notre classe. Elle fuyait devant d'autres personnes qui la poursuivaient. Sans prévenir et dans la vitesse de l'action sa main s'abattit sur mon dos fragile. Elle me cloua au sol quelques minutes. Mon maître était à la direction et s'apprêtait à sortir hors de l'école. Je pus tant bien que mal laisser mes camarades pour rejoindre mon banc de classe. Mes amis remarquèrent que je n'allais pas bien et vinrent s'enquérir de ce qui m'était arrivé. Ceux qui avaient été témoins de la scène se disputèrent avec la fille qui m'avait frappée sans aucune préméditation, il faut le dire. Puis, mes amis me soutinrent afin que je puisse sortir de la classe pour aller le dire à monsieur Esdras. J'avais de la peine à marcher, on aurait dit que le courant électrique m'avait frappée, tant le coup avait été violent et inattendu. Ce fait attira l'attention des autres élèves, nous trouvâmes notre maître au portail. Dès qu'il prit connaissance de la situation, il oublia vite sa sortie. Il remonta rapidement avec nous dans la classe qui se trouvait à l'étage avec l'idée d'une bonne correction. Monsieur Esdras avait donné une bonne leçon aux élèves et quelques coups de fouet à celle qui m'avait frappée. Cette fille s'était excusée puis elle avait regagné sa classe. Il interdit aussi aux élèves des autres classes de venir désormais dans la nôtre. Par la suite, je fus mise à l'écart pour un repos. Ce midi-là, je dormais en classe tandis que les autres suivaient les enseignements. Dès lors, je fus considérée comme une personne « fragile » dont on devait prendre soin. Des mois plus tard, mon maître dût laisser la craie pour réaliser son rêve en entrant dans la police. Malheureusement il ne dura pas et mourut à peine admis. Ce fut tragique pour tout le monde. Je venais de perdre une autre personne qui avait cru en moi. Cet homme était gentil. Je ne l'oublierai jamais.

Au cours de cette même année scolaire rendue triste par la mort de mon maître Esdras, et avant l'arrivée de monsieur Beno le nouveau maître de ma classe, ma vie scolaire était mouvementée à cause des adolescents que je rencontrais à l'école. Mes camarades étaient des jeunes qui aimaient s'amuser, se chamailler, s'amouracher et faire valoir ce que pouvait leur offrir comme privilèges le porte-monnaie de leurs parents. Ceux qui étaient moins nantis devaient soit faire courbette aux « enfants des boss », soit se faire résistance. Ne cherchez pas loin, je me trouvais dans le camp des résistants ! Ah oui, mes tourments intérieurs avaient fait de moi une adolescente rebelle ! Ma famille n'était ni pauvre ni riche. Elle était simple dans sa façon de vivre. J'en avais déjà ras-le-bol que dans mon quartier les différences sociales devenaient pour les relations et dans les amitiés un poison lent à avaler, mais de là à subir aussi les ravages que cela causait à l'école, je nourrissais une graine de révolte en moi. Il n'était pas question que je leur face la révérence ! Au début, je formais un groupe d'amies avec trois filles ; nous étions *les sœurs de cœur* comme aimait dire Corrie et restions toujours ensemble. J'étais fière d'appartenir à un groupe. Les filles Sissi, Fanie, Corrie et moi, nous avions une amitié particulière, étrange, car c'était évident que nous étions différentes dans nos personnalités. À cause de sa beauté, Sissi était *la Miss* tandis que Fanie était *l'Intello* compte tenu de ses meilleures notes dans la classe. S'il y avait une Animatrice dans notre groupe, ce ne pouvait être que Corrie. Le maître Batim à la suite de feu monsieur Esdras appelait Corrie *la Fofolle*, tellement elle était comique. J'étais la fille calme de nous toutes. Je savais résoudre les différends entre nous et faire en sorte que nous restions unies. J'étais *la Pacifique*, pour le bonheur de nous quatre. Tout allait bien jusqu'à ce que les garçons montrent à Sissi que la beauté la rendait précieuse à leurs yeux. Elle commença à se détacher de nous pour retrouver ses admirateurs et d'autres filles qui avaient le titre de beauté de la classe. C'est ainsi que la suivit Fanie. Elle se rangea dans le cercle des élèves Intellos dont l'esprit vif ne voulait pas se mêler aux rétrogrades. Quant à moi, je restai avec Corinne et solidifiai notre amitié jusqu'à la fin de l'année. Elle devint plus qu'une amie pour moi, et à deux on se soutenait à l'école comme avant. Ce fut triste de constater plus tard que Sissi fut impliquée dans les histoires de flirt rendues publiques. J'avais gagné en assurance pour faire face à toutes les remarques des autres sur moi.

Monsieur Beno me causa du souci les premiers mois, lorsqu'il prit service. Je le trouvais trop sûr de lui. Il me semblait trop rigoureux dans son enseignement. Sa façon d'être et de faire me braquait. Je mis du temps à m'adapter à son rythme et à sa méthode éducative. C'était difficile de s'accoutumer à un système où les enfants des « riches » étaient plus en vue que ceux des pauvres qui ne demandaient qu'à réussir sans aucun autre souci. Les problèmes familiaux avaient une influence négative sur mon évolution académique et mon développement personnel au point où à l'école, mon nouveau maître convoqua ma mère. Je fus en colère contre lui. Je ne voulais pas d'ennui et il semblait que je devenais ridicule devant les autres. Parfois, il me posait des questions sur des choses que j'ignorais. Quand je n'arrivais pas à répondre, il me faisait des reproches en public. C'était humiliant et j'entrepris de ne plus me soucier de lui. Un matin, il enseignait un cours de mathématiques, et je ne comprenais rien à la division. Il posa une opération au tableau et me demanda de la résoudre. Je n'y parvenais pas à cause du stress et du regard des autres sur moi. On sonna la récréation et monsieur Beno fit sortir tout le monde. Il resta avec moi. Monsieur Beno s'efforça de me faire comprendre et appliquer la leçon de division. Il fit de son mieux pour m'expliquer la leçon pendant la pause , se disant qu'une fois seul avec moi, j'allais mieux appréhender son désir de me voir trouver la bonne réponse. Ce que monsieur Beno ignorait sans doute était que j'avais déjà des blocages suites aux répétitions rigoureuses avec mon père à la maison. Pourtant, je finis par comprendre ce qu'il me disait et trouver la réponse. Depuis ce matin-là, j'appris à lui parler comme avec mon ancien maître Esdras. Cette année-là, je présentais les examens officiels. J'avais le niveau du CM2 pour faire un essai. Il avait été jugé bon que je me lance pour aller en sixième. Je fis le concours d'entrée dans un lycée, mais je le ratai. Puis un second concours de rattrapage pour l'entrée au cycle secondaire. Suzanne était allée consulter les résultats avec une amie. Hélas, elles ne virent pas mon nom. Je fus très triste. Malgré mon découragement, je ne baissai pas les bras, tellement je voulais poursuivre mes études pour donner un sens à ma vie.

Chapitre 7

Premiers émois

« Vers toi Dieu de ma vie, montent ma reconnaissance et mes louanges : tu m'as rempli de sagesse et de force » (Daniel 2 : 23).

L'amour du savoir

Je me préparais à reprendre le CM2 dès la rentrée, quand un de mes anciens encadreurs devenu enseignant de collège, monsieur Manuel me vit. Il me demanda ce que je faisais au primaire, alors qu'il m'attendait au secondaire. Contrairement à ce qu'on avait cru, je n'avais pas été admise au collège. J'ignorais encore que c'était la dernière année scolaire pleine que j'allais faire dans ma vie. Par bonheur, j'étais dans la classe de monsieur Batim ainsi que d'autres anciens camarades. Il avait assuré l'intérim l'année précédente entre le départ de Monsieur Esdras et l'arrivée de Monsieur Beno. De même que Monsieur Manuel et d'autres enseignants. Mon maître, Monsieur Batim nous donna une bonne instruction et permit à chacun d'avoir une chance de réussir et de passer la classe. En dehors des filles dont Lina, j'eus plein d'amis et de bons moments de jeux durant cette année-là. Jour après jour, je préparais bien mon concours. Je pus acquérir de nouvelles choses et faire de nouvelles expériences. Cette classe brilla par le niveau d'intelligence des élèves et aussi par l'éveil sentimental des jeunes adolescents que nous étions à cet âge. Une fois de plus, mes camarades tombaient en amour les uns des autres. Et au final les scènes de jalousie ou de frustration créaient toujours des tensions entre eux. Il fallut aussi accepter la formation des clans qui survint après que les maîtres aient mélangé les élèves pour les séparer par la suite en deux classes. Il y eut celle des forts et celle des faibles où je me retrouvai. Monsieur Api fut chargé de nous instruire jusqu' à l'examen. C'est ainsi que l'école s'écoula dans la joie et une nette amélioration de mon niveau intellectuel et je finis par avoir mes examens. La vie en famille était devenue calme. Nous avions accepté le deuxième ménage de mon père et cela permis d'éviter d'autres drames durant ces vacances-là. Je me surpris même à passer des semaines chez sa nouvelle femme. Ce qui ne voulais pas dire que je renonçais à ma mère et ne voulais pas que tout aille mieux pour nous. L'année s'acheva avec soulagement. Je pus connaître une paix bienfaisante. Tout semblait prometteur et ma vie trouvait une certaine sérénité.

Mauvais virage.

L'an 2000 fut pour moi une année chaotique. Le nouveau millénaire avait apporté des changements dans la vie du monde entier et même dans la vie de ma famille. J'avais des grands rêves et de belles choses à découvrir. Je voulais vivre de grandes expériences. J'avais un projet d'avenir. De l'enfant fragile et sensible que j'étais, à l'adolescente forte et battante que je devenais, ma vie allait sans doute changer et devenir comme dans mes rêves. Je croyais fermement à cette pensée. Mon caractère se formait et j'appris à contrôler mon agressivité et mes émotions au point de ne plus savoir comment exprimer mes sentiments. Je ne voulais plus m'intéresser à ce que ma famille connaissait comme mauvaise passe. À l'intérieur de moi-même, j'étais anéantie par mon passé et les blessures de mon enfance. Je me confiais à mes feuilles de papiers que je ne déchiquetais plus à la manière des couturières. Ma vie était sur un fil dangereux. Personne autour de moi ne remarqua le drame qui cette fois-là vint affaiblir mes efforts et bousculer mes rêves d'enfant. Je ne trouvais plus plaisir à louer un Dieu oublieux de mes souffrances. Et je me sentais seule et vide, je ressentais réellement ce qu'était la solitude. Je ne connus pas les bals, les boîtes de nuit, les soirées qui se terminent le matin, au milieu de la fumée et des boissons alcooliques ; je ne me sentais pas admirée des garçons. Très tôt, je fis face à l'inquiétude et à l'angoisse. Au fond de moi, j'étais en colère contre le Créateur. Je ne savais plus m'adresser à Dieu ni comment lui exprimer les sentiments de mon cœur. La pensée de suicide revint plusieurs fois à la charge, je m'y essayai et regrettai vite mon désir d'en finir avec ma vie. Je me fiais trop à ce que disaient ou pensaient les autres de moi que j'en étais arrivée à penser que ma vie ne valait rien. Il me fallait me battre avec moi-même et me sortir du pessimisme dans lequel j'avais sombré. Je pressentais que des choses sombres allaient m'arriver et ne put empêcher à mon corps de commencer à souffrir du mal de dos et du cou. C'était douloureux de subir la douleur des vertèbres et de la colonne vertébrale qui me donnaient l'effet d'une piqûre de moustique. J'en avais parlé à la famille qui prit d'abord cela comme des plaintes inutiles, puis comme une chose naturelle à cause de ma malformation congénitale. Or, tout basculait pour moi. Petit à petit, je commençais à tomber de manière répétitive, en écopant des blessures aux articulations. Je ne savais pas que c'était le début d'une grande paralysie.

Chapitre 8

Avec les autres !

« Ne te vante pas de ce que sera demain, si tu ignores ce qui se produira aujourd'hui » (Proverbes 27 : 1).

La porte du savoir

Je venais d'entrer en classe de sixième au collège. C'était un nouveau monde avec de nouvelles manières de vivre et d'étudier les cours. J'avais des camarades jeunes et compréhensifs. Il fallait que je puisse surmonter mes doutes et mes peurs. Je tenais à être une jeune fille moderne et à me faire une place dans la société. Le collège ne fut pas un problème parce que je retrouvais plusieurs élèves du primaire qui avaient eux aussi intégré le même établissement privé que moi. Les cours étaient dispensés non plus par un seul enseignant, mais par plusieurs qui avaient chacun sa discipline, ses jours et ses heures. Je pouvais mieux organiser mes apprentissages, vu que les cours n'étaient plus dispensés de façon touffue. Une voisine de mon quartier était mon professeur de français. Une réalité qui ne me plaisait pas, mais n'empêcha pas non plus que je sois une élève assidue et brillante dans sa discipline, à son grand plaisir. Il me fallait toujours avoir de bonnes notes aux interrogations pour ne pas être réprimandée par elle devant mes parents. C'est vrai aussi que j'aimais cette langue : le français. En dehors de ce cours essentiel, je me passionnais pour l'anglais que je m'efforçais à apprendre chaque jour. Je me surpris quelques fois à avoir des notes sans rien comprendre de ce que le professeur disait pendant le cours.

Mon amour pour les langues était grand et je me plaisais à vivre cette expérience, même si le latin enseigné par notre professeur principal ne me facilitait pas la tâche. J'eus la joie de retrouver Monsieur Manuel comme professeur de mathématiques. Il connaissait déjà mon niveau scolaire et mes difficultés. Je me mis à l'effort pour respecter et bien apprendre ses leçons. Tout allait bien avec les autres matières, et j'aimais aider ceux qui avaient des difficultés à comprendre la langue de Molière. J'étais estimée par certains camarades, rivalisée par d'autres qui se plaisaient à être meilleurs et privilégiés des autres professeurs. Ils avaient établi un lien malsain entre notre professeur de français et moi. Tout cela m'était égal désormais. Je ne m'attardais plus que sur l'essentiel : lire, écrire et réussir. J'eus le plaisir de le dire et de le démontrer aux autres. J'aimais rester au fond de la classe, mais les machinations de mes anciens camarades du primaire firent que notre professeur d'ESF m'imposa le premier banc, juste à côté du bureau des professeurs. C'était une belle affaire ! Un élève redoublant occupait le banc et il était seul, juste par complaisance. Il m'avait l'air un peu *Grincheux*, mais malgré lui, il m'accepta près de lui. Les premiers mois de l'année étaient favorables à mon insertion, mais très mouvementés à cause des perturbations de trois camarades de classe : *Beau*, *Taquin*, et *Notable* qui trouvaient bon de me donner des ultimatums pour reprendre ma place au fond de la classe, ceci avec le soutien de mon voisin de banc. Au début, ils n'étaient pas mes amis, mais nous finîmes par prendre cela comme des amusements. Raison pour laquelle, je leur avais donné ces petits noms. J'étais à un banc devant eux et ça ne plaisait pas à mes malins camarades, puisque j'étais la fille qui dérangeait par sa présence les beaux garçons qui voulaient flirter avec nos jolies amies de la classe. Ils étaient aussi, par ma présence, empêchés de se livrer à des petites tricheries et au travail en commun. Je finis par apprécier leurs manières de me témoigner leur affection. Oui, une surprise ! Mes compagnons me prirent en admiration, puisque j'étais l'une des rares qui savaient maîtriser leurs égos d'adolescents. La *fille Terrible* aux apparences d'aînesse !

Le début de trimestre fut joyeux pour moi, les amis ne manquaient pas. Il fut rempli de jeux et de travail en groupe. Les élèves se prenaient pour des stars de musique et des héroïnes de cinéma. J'étais dans une classe spéciale et connue pour être la classe la plus désordonnée de l'année, jusqu'au jour où les professeurs en eurent marre et commencèrent à discipliner les rebelles. Je me souviens d'un jour où notre professeur de français vint pour dispenser son cours. C'était une après-midi, et les élèves ne voulaient pas de ce cours *ennuyeux*. Ils appelaient ce professeur *Madame Antiquité*, à cause de son âge, estimant qu'elle devrait déjà être à la retraite. Ils boycottèrent son cours en formant des groupes de bavardage, au lieu des groupes d'étude de l'œuvre au programme. Elle finit par se mettre en colère et alla déposer une plainte chez le surveillant général. Ce dernier ne voulant pas perdre une enseignante compétente en pleine année scolaire à cause des élèves récalcitrants, vint demander des explications à toute la classe. J'étais calme, mais les autres sentaient que les choses allaient mal tourner. Il leur donna une correction magistrale à tous les autres, sauf moi. Ceci entraîna des commentaires dans la classe. Heureusement, je ne me souciais plus de ces choses vaines et ne tardai pas à le dire à certaines filles qui s'amusaient à me rabaisser auprès des garçons. Elles ne cessaient de me faire comprendre que j'étais mal aimée. Je me défendais à mon tour en leur démontrant que j'étais là pour l'école et rien que l'école. Elles comprirent la leçon et ne m'embêtèrent plus. Beaucoup devinrent proches de moi et ne tardèrent pas à se rendre compte que c'était moi qui fuyais la compagnie des garçons. J'étais même admirée du meilleur garçon du collège qui se plaisait à discuter avec moi quand je ne me cachais pas : Samou. En cours de trimestre, il devint le président du club Unesco auquel je m'étais aussi inscrite, en me présentant aux élections pour être responsable de la rubrique éducative. J'avais voté pour lui et ma candidature attira son attention sur moi. Malheureusement, une autre fille populaire du collège avait remporté le poste. Je n'étais pas très connue pour rivaliser avec elle. Samou vint quelques jours plus tard dans ma classe pour annoncer la première réunion et insista pour me voir. Je ne voulais plus y assister à cause de mon échec. Les élèves s'adonnaient au favoritisme dans leurs décisions et je ne me sentais pas prête à partager leurs opinions. Cependant, Samou me rassura de son soutien et de son amitié. Il était dans une classe supérieure et renommé pour avoir fait partie du club sportif du collège . En vérité son amitié naissante pour moi fut un problème. Je me demandais quelle était sa motivation et si vraiment ce garçon était sincère. Entre temps, les malheurs s'abattaient sur moi. Je subis d'autres petits désordres physiques qui me causèrent un dysfonctionnement de mes pieds. Je ne marchais plus normalement à cause du croisement de mes jambes qui me faisait perdre tout équilibre et tomber à tout moment.

À cause de cela, un jour j'avais renoncé à assister à la réunion des membres du club. Samou quant à lui oublia de venir me chercher comme promis. Par un effort indescriptible, je me rendis à l'étage et m'abandonnai tout près de la salle de réunion. J'avais le cœur brisé et la honte de tituber devant les gens qui se poseraient des questions muettes sur moi. Les examens arrivèrent et je fis tout mon possible pour aller composer pour la fin du trimestre. C'était dur d'affronter cette réalité qui se présentait à moi comme un mauvais nuage. À la maison, ma famille ne se rendait pas compte de la gravité de mon problème. Je subissais les reproches et les réprimandes du fait que je faisais toujours comme un animal invertébré. Je me plaignais de mon état empirant. Tout le monde me disait que je devais supporter les changements dus à ma croissance. J'étais parfois incomprise de mes voisins. J'arrivais même à être raillée par les autres. La paralysie avait atteint un stade avancé et mes jambes lâchèrent.

Chapitre 9

Des signes

« Mon Dieu, délivre-moi de ceux qui m'en veulent, protège-moi contre mes agresseurs » (Psaume 59 : 2).

La chute

Depuis toujours il m'était interdit de faire du sport à l'école ou toute autre activité physique contraignante. Les responsables de l'école et plus tard du collège respectaient mon statut d'inapte. Tout était normal, je recevais des corrections comme tous les élèves jusqu'au jour où mon professeur de sport m'imposa son cours, malgré mon inaptitude. Je me battis pour faire le cours de sport comme tous les autres. Malheureusement, j'eus un choc au niveau du pied qui ne permit plus de continuer et je le signalai au professeur qui à ma grande surprise, me réprimanda. Il pensait que je ne voulais pas pratiquer son cours. Après une petite pause, il me fit reprendre la course jusqu'à la salle de classe. Bien que fatiguée d'endurer la douleur de mon pied gauche, je me remis à courir. Je parlai de cet incident à mes parents, qui constatèrent la gravité de mon état de santé. Suite à des massages traditionnels, que me fit mon père pour me soulager, j'eus des brûlures au niveau de la cuisse gauche. On aurait dit que ce pied était maudit pour avoir tous les problèmes du monde. Mon état de santé était alarmant, et ma mère eut peur. Elle se battit pour m'emmener faire des consultations à l'infirmerie de la société qui employait mon père. Grâce à l'assurance et avec l'aide du personnel, je pus avoir ma première consultation médicale. À cette période, le docteur Marianna confirma une malformation de la colonne vertébrale d'origine congénitale. L'examen clinique révéla une scoliose qui créait un frein pour la marche. En effet, les douleurs au cou et la déformation démontraient que j'avais un véritable problème. Au sortir de cette première consultation du 02 novembre 2000, il ressortit que j'avais un mal au cou, au dos, à la partie postérieure et basse, située entre les côtes et le bassin lié à l'os triangulaire qui est à l'extrémité inférieure de la colonne vertébrale. Tout ceci mettait mon corps en mauvaise posture. Suite à ces observations, le docteur Marianna demanda des radiographies que les parents m'emmenèrent faire dans un hôpital de la ville. Les examens achevés, il fallut rentrer à l'infirmerie auprès de mon médecin. Je fus ramenée dans la journée du 09 novembre 2000 en matinée. Dans mon carnet, elle posait des questions du genre : Faut-il envisager une mise en place d'un plâtre ou une intervention chirurgicale ? Nous ne pouvions pas agir sans assurance réelle.

Après, le docteur Marianna demanda que je sois consultée dans un Centre pour personnes handicapées ou par un spécialiste pour un avis plus approfondi sur la nature de mon mal. Dès lors, une lumière se faisait enfin sur ma situation.

Elle donnait des encouragements et des orientations sûres pour pouvoir surmonter mon épreuve. Ma famille commença à faire des efforts pour que j'aie une vie moins stressante et une santé acceptable. Ma mère se voua à soigner mes blessures et à me donner le traitement médical des premières ordonnances. Mon père était informé de chaque chose et pourvoyait aux besoins, bien que sans trop d'engagement. Quant aux autres, ils veillaient à me faciliter le quotidien. Je continuais à être soignée par ma famille. N'ayant plus la force de surmonter tout ce qui arrivait dans ma vie, cette phase difficile fit que la famille resta inactive. Ma mère alla avec le résultat de mes examens et scanners au collège. Je pus alors bénéficier de la faveur des responsables et des élèves pour m'aider à l'école. Ce qui n'empêcha pas de réduire l'accessibilité dans les rares endroits où je pouvais me mouvoir. Rien n'allait pour le mieux. À la maison, ma grand-mère Véronique et sa sœur tombèrent gravement malades. Mon père était de nouveau absent et presque pas toujours là. Au mois de novembre 2000, la sœur de ma grand-mère infirme décéda. Sa dépouille fut ramenée dans leur village et ma grand-mère s'y rendit pour les obsèques. À son retour, elle n'était plus la même pour nous. Un mois plus tard, elle aussi nous quitta. Entre les deuils, je finis par perdre l'usage de mes jambes et ne marchais plus sans tenir les murs ou des objets solides. J'étais terrifiée à l'idée de devenir infirme.

C'était une année douloureuse pour ma famille et pour moi-même. Malgré ma persévérance et ma volonté, je dus faire un choix difficile. Le premier de ma vie. Il fallait décider de renoncer à mes études pour retrouver ma santé. C'est ainsi que, avec une épine dans le cœur, j'arrêtai mes études secondaires. Accepter mon infirmité fut pénible, pourtant, c'était la meilleure décision. Je pus voir des médecins professionnels des grands hôpitaux de la ville et même des cliniques privées. Il y avait une totale confusion et une contradiction entre eux par rapport à ma santé. À qui devait-on se fier ? C'était grave, et les gens commençaient à me porter pour assurer les déplacements. Une page de ma vie s'était tournée et j'avais le cœur brisé et meurtri. Tout devenait compliqué pour moi. Ce fut un bouleversement de situation aux interminables péripéties. Au bout d'un certain temps, la famille décida que j'aille dans le Centre où j'avais été consultée pour une rééducation, espérant ainsi la remédiation de ma situation. Le train était en marche, les démarches pour que je retrouve la santé furent relancées. Mes parents avec le soutien de mon oncle Jacques, prirent rendez-vous avec le docteur Mack. Il était le médecin dudit Centre. De cette première consultation, il diagnostiqua une paraplégie partielle des membres inférieurs. Il demanda à ce que je fasse une rééducation avant de donner une suite à son rapport médical dans mon dossier. À l'époque, comme depuis ma naissance, j'avais une poitrine bombée et c'était anormal. Il prescrivit 24 séances de kinésithérapie et de physiothérapie avec massage. Je fus ensuite confiée à un autre responsable du Centre qui fit comprendre que mon état de santé allait rencontrer une autre phase difficile avec la survenue de mon cycle menstruel. On aurait dit un coup diabolique, puisque c'est ce qui arriva. À ce moment-là, je devins une jeune fille complète, puisque je connus les menstrues pour la première fois de ma vie. Toutefois, le responsable qui s'occupait de mon dossier m'envoya faire les séances de rééducation auprès d'un kinésithérapeute. J'étais déterminée à relever le défi malgré les embûches. Je commençai difficilement la rééducation, me sentant mal d'être portée. Mais la main divine vint à mon aide. Mon kinésithérapeute et son équipier furent experts dans leur travail. Au départ, il sembla que c'était une perte de temps, mais au bout de l'effort, je marchais seule à l'aide d'un déambulateur. J'avais remporté une grande victoire sur mon handicap ! Motivée à reprendre ma vie en main, l'infirmité n'était plus un fardeau, mais un défi à relever, un combat à gagner, au prix d'énormes efforts et sacrifices. J'avais progressé vers une guérison certaine et une vie normale. L'amour de ma famille et le dévouement des uns et des autres furent d'un grand secours pour moi.

Chapitre 10

Le trou

« Tu peux disposer de tous ses biens. Mais garde toi de toucher à lui-même » (Job 1 :12).

Le voile.

Le sacrifice de ma mère fut ma source d'encouragement et une flamme d'espoir qui continue de brûler dans mon cœur jusqu'à ce jour. Elle se dévoua corps et âme à mon service et devint les pieds qui me faisaient défaut et les mains limitées et impuissantes à cause de ma décadence physique aiguë. Ma mère se chargeait de ma lessive, de ma nourriture, et de tout le reste. Elle veilla à mon épanouissement moral et physique. C'était une mission difficile pour elle, mais comme Marie voyant son fils souffrir sur la croix, elle se dévoua et se fia à Dieu. Je n'avais pas de regret d'avoir eu une mère comme elle. Les deuils et ma situation firent que les congés de Noël et de Nouvel an cette année-là furent tristes et pleins de larmes. S'il y eut une famille dont le destin s'assombrit c'était ma famille. Tout bascula à un moment et personne ne put arrêter ces épreuves qui se présentèrent sur notre chemin. Notre bonheur ne tenait qu'à quelques rares réussites scolaires et des rares moments de joie qu'on s'efforçait d'avoir ensemble chaque jour. Nos peines et nos douleurs devenaient des sujets de commentaires. Toutefois, pour nous-mêmes les choses s'amélioraient merveilleusement. La famille se retrouva à s'amuser et rire de chaque chose qui nous arrivait et nous finîmes par surmonter nos peurs. Le train de vie était réduit au strict nécessaire : école et médicaments. Il était difficile d'avoir ne serait-ce que du riz sauté à la maison. Mes parents entrèrent dans le train de l'endettement. Ma famille ne vivait plus, elle survivait. Je nourrissais un grand espoir, celui de la guérison et le soulagement se lisait sur les visages dans ma famille. Lorsque je repartis auprès de mon médecin et spécialiste du Centre, une mauvaise nouvelle m'attendait là-bas. Pendant que je finissais mes séances de rééducation, il rencontra des problèmes personnels et décéda. Je vis l'anéantissement de tous mes efforts et la victoire de la maladie sur moi. C'était un cauchemar !

J'étais perdue et sans espoir ! Ma vie était brisée et meurtrie. Je venais d'avoir treize ans. Mes amitiés partirent en fumée. Sans compter que je fus l'objet de la plus grande guerre spirituelle du monde : les forces du bien contre les forces du mal. Je ne continuai plus d'aller au Centre, très affectée et ne gardant plus aucun espoir de voir ma situation changer. Je me demandais si Dieu existait et s'il était au courant de mes malheurs. À ce moment-là justement, mes rêves prirent fin. Je ne prenais plus rien à cœur. J'étais devenue une « écrivaine » pour mon entourage. Tout le monde se demandait ce que je pouvais bien écrire à longueur de temps. De jour comme de nuit, il m'était impossible de faire autre chose que de me divertir avec la télévision ou à me réfugier dans mon univers artistique. Vivre avec un handicap était une chose que je dus apprendre avec douleur et amertume. Au mois de janvier 2001, je dus reprendre courage et surmonter les échecs du passé. Après une période passive, mon père eut connaissance d'un homme au quartier qui lui proposa son aide pour moi. Il se présenta et décida de me faire la rééducation à domicile. Les choses commencèrent bien, mais ne purent se terminer. Il demanda qu'on me fabrique un corset. Mon père paya le nécessaire et j'eus mon appareil. J'appris à me déplacer avec et ce fut une source de joie. Mais, il arrivait que les plaies que j'avais ne me permettent pas de me mouvoir en permanence. Je portais le corset et je me plaçais debout sur une chaise pour marcher. C'était une nouvelle victoire. Les plaies faisaient mal, pourtant je me sentais bien. Entre temps, j'avais commencé les cours de catéchisme avec mon frère Eugène et mes sœurs. Je dus accélérer mon suivi spirituel pour une affaire mystérieuse qui plongea ma famille dans l'occultisme total. Suite à des malheurs successifs et des troubles inexplicables, il fut déclaré que mon état était lié à la main d'un ennemi. J'étais victime de sorcellerie ! Mes parents se tournèrent vers les responsables religieux : prêtres et pasteurs. Je devais suivre mon premier traitement d'exorcisme. Pour le faire, le prêtre qui me soignait demanda que j'aie mon baptême. Je ne voulais pas connaître ce monde obscur qui me faisait peur. Je n'eus pas le choix car mes parents étaient prêts à tout pour me voir vivre. Ils acceptaient de me faire subir cette épreuve avec l'espoir d'une amélioration dans ma vie. J'étais désespérée, et tout devenait dramatique. Dès que ma mère put s'entretenir avec les pasteurs de notre paroisse locale, mon catéchisme fut accéléré et vite achevé. C'est pendant le culte du dimanche 14 octobre 2001 que je reçus mon baptême.

Ensuite, le prêtre décida de commencer l'exorcisme. Je me souviens juste qu'au début de son travail en novembre 2001, il eut souvent du mal à venir à la maison, car les voitures qu'il empruntait avec ses bergers tombaient en panne ou ne parvenaient pas à la maison. C'étaient des évènements mystérieux ! Un soir qu'il réussit à venir à la maison il finit par me demander si c'est moi qui créais tous ces problèmes. Je lui répondis que j'ignorais ce qui se passait moi-même. Il révéla que j'avais « une étoile » et que les forces du mal cherchaient à m'instrumentaliser et à me lier par un esprit de serpent. Cet esprit ne voulait pas que je vive la vie merveilleuse qui m'était destinée. De prières en prières, de breuvages en breuvages, de l'utilisation des sacramentaux à la simple écoute, je souffrais de cauchemars, de troubles mentaux, de sensations de présence invisibles et d'hallucinations. Il s'avérait que toute ma famille soit menacée par ces ennemis spirituels connus et inconnus. Le prêtre fit tout ce qu'il pouvait pour notre libération. Les gens qui savaient ce qui se passait se posaient des questions silencieuses. Ils faisaient des commentaires et au quartier ma famille semblait être maudite. Les commérages et les rumeurs se répandaient partout. Nous étions devenus des personnes peu fréquentables. Pour les autres, j'étais une enfant « sacrifiée ». Ce traitement n'aboutit pas à cause des résistances diaboliques que rencontra le groupe de prière. Un incident se produisit alors que le prêtre priait sur moi dans la cour et devant le feu. Sa soutane faillit brûler. La nuit de prière qu'ils passèrent à la maison jusqu'à l'aube fut difficile et au matin, les bergers décidèrent d'arrêter le travail. C'était ma vie contre leurs vies. Personne ne voulait prendre ce risque. Cette histoire devint inquiétante pour tout le monde. Il se demandait autour de moi ce qui se passait exactement dans ma vie. Malheureusement, ni eux, ni moi n'avions la bonne réponse. Alors que renaissait le courage et la force d'avancer, de croire que tout était encore possible, tout bascula de nouveau. J'étais semblable à une fleur qui se fane, sèche et meurt.

Chapitre 11

Des voies mystérieuses

« Honore ton père et ta mère, afin de jouir d'une longue vie sur la terre » (Exode 20 :12).

Rêve brisé

J'étais devenue infirme et ma vie semblait n'avoir aucune issue. Je ne savais plus quoi faire. J'avais la rage au cœur et l'amertume dans l'âme face à un destin qui visiblement s'acharnait contre moi. Je ne croyais plus en rien et ne voulais plus me compter parmi les êtres vivants de cette terre qui a été si dure pour moi depuis ma naissance. Je me déplaçais à peine par moi-même. Il se développa en moi la douleur d'avoir tout perdu. Je ne savais pas ce qui se passait dans ma vie. Les choses semblaient si compliquées et personne ne savait plus comment maîtriser la situation. Comme une balle de ping-pong qui va et qui revient, ainsi était ma vie. Pendant quelques mois, les cœurs se calmèrent pour tout le monde, jusqu'au mois de juin où il fallut me rendre à la clinique du docteur Miny. Celui qu'avait recommandé sa collègue docteur Marianna. Il me consulta et demanda à nouveau des examens et scanners pour avoir une meilleure compréhension et analyse de mon mal. Selon ma mère, il nous orienta aussi auprès d'un autre spécialiste, Docteur Claudet, qui à son tour me consulta. Il décela pour sa part que je souffrais d'une fracture vertébrale. De retour auprès du docteur Miny qui attendait les résultats des examens, ceux-ci avaient étrangement été perturbés à cause des problèmes que l'on rencontra : les pannes de scanners. Les parents furent compréhensifs sachant que toutes les entreprises avaient toujours connu ce sort dans ma vie. Au même moment, d'autres docteurs tels que le docteur Bastien conjuguèrent leurs efforts en vue d'une éventuelle opération. Je fus aussi emmenée auprès du professeur Camaro. Il avait sa clinique privée. Tous ces moments créèrent une confusion qui ne rassurait ni la famille, ni même les médecins qui suivaient mon dossier. Docteur Miny expliqua les difficultés rencontrées à mes parents et leur laissa le soin de décider si oui ou pas l'opération devait avoir lieu. Dans cette confusion totale, avec le soutien d'une de mes tantes, je commençai à fréquenter l'église catholique. J'assistais aux prières du mercredi soir dans une chapelle un peu éloignée de mon quartier. Les bergers prenaient soin de me suivre à chaque rencontre. Puis un jour, on déclara encore à ma famille que j'étais sous l'emprise d'un esprit mauvais très malin et caché. Chaque fois qu'il fallait prier sur moi, il me quittait. Ceci faisait croire que je n'avais rien comme problème spirituel. Tout fut mis en œuvre pour que je rencontre personnellement le grand-prêtre de cette église. Il était reconnu pour sa capacité à aider les personnes avec de graves problèmes spirituels. Après m'avoir vue, ce dernier eut un entretien avec mes parents, et leur dit que si je me faisais opérer à ce moment-là, j'allais mourir !

On suivit son conseil. Je continuai à fréquenter cette chapelle. Il fut proposé que j'aille assister aux rencontres de prières le week-end dans un village où était localisée sa base. C'était l'endroit où on s'occupait des malades. Personne dans ma famille ne trouva cela pénible ou impossible. Mes parents s'y rendaient avec moi tous les week-ends pendant près d'un an. Il y avait des foules nombreuses qui y affluaient pour avoir la solution à leurs problèmes. Je vis toutes sortes de possessions et découvris des histoires terribles et traumatisantes. Je pouvais tout supporter grâce à la présence de mes parents, de mon oncle Jacques. Ce dernier ne nous quittait jamais dans tout ce qu'on entreprenait pour ma vie. Il s'était affectueusement dévoué et avait mis tout moyen en sa possession pour aider notre famille. Il a été une pierre solide sur laquelle j'aimais bien me reposer. De toute ma vie, je n'ai pas eu un autre oncle qui se soit autant sacrifié pour mon bonheur. Je ne compte pas toutes les choses qu'il faisait pour la famille de sa sœur qui est ma mère. Jour et nuit, il était à la maison, à l'hôpital, chez les tradipraticiens, et partout où je me rendais pour un traitement. Il se souciait peu des efforts physiques, des dépenses financières, des besoins matériels que cela nécessitait. Il le faisait tout simplement et avec un cœur rempli d'amour. Je n'oublierai jamais ces nombreux voyages périlleux qu'il faisait avec nous. Il était partout et ne manquait jamais de nous accompagner à chaque déplacement. Certaines personnes pouvaient le juger, le critiquer et le condamner pour la *modicité* de l'aide qu'il apportait à notre famille, car, elles ignoraient tout de la situation et de mon état. Nos voyages furent remplis de joies et de bons moments au-delà de ces souvenirs douloureux. Cependant, malgré tout ce sacrifice, ma famille fut à nouveau déçue.

Des blessures inoubliables.

Le train continua sa route. Je dus m'adapter au fait que j'étais déjà connue comme une *possédée* par tout le monde. Ceci était étrange pour moi qui ne voyais en moi aucun signe de manifestation d'un mauvais esprit. Il arriva même que les autres en fussent surpris. Je me préparais une fois de plus à faire un autre voyage pour une autre ville. Là-bas, un parent de mon père faisait des soins traditionnels et un service de voyance. Durant toutes les grandes vacances de cette année, je fus de ce côté-là. Je partis avec Véronique et Eugène qui devaient prendre soin de moi. Je suivis des massages traditionnels avec des herbes médicinales, des séances de vision et d'autres choses *mystérieuses* dont je n'ai pas de souvenir. Le climat étant froid et moi, toujours cloîtrée à la maison, mon corps paya un prix fort à cause de mon inactivité. Un jour, au cours d'une séance avec mon oncle Batiste, il remarqua que mes jambes noircissaient et que la peau s'effritait peu à peu. Je restai en état d'observation pendant un temps. Un autre jour, mon oncle se retrouva seul avec moi et il me montra une boule de cristal. J'étais étonnée qu'il me dise qu'il pouvait voir ma famille à partir de cette boule.

C'était mystique. Notre séjour et notre restauration, ne souffraient de rien. C'est plutôt mon corps qui souffrait de sa destruction. Quelques temps après, on découvrit que je souffrais d'une nécrose (mortification des tissus vivants de mes jambes) au niveau des cuisses. Mes parents nous rendaient souvent visite chez mon oncle qui finit par demander mon retour à Yaoundé pour un meilleur suivi médical. Ce qui ne fut pas l'objet d'une longue discussion, avec la rentrée des classes qui était proche. La nécrose s'aggrava et forma des escarres. De ma vie, je n'avais jamais vu de si grandes plaies et vécu un tel drame. J'avais les jambes détruites et endolories. La gravité de ma maladie ne laissait personne indifférent, famille, voisins, amis et même des inconnus. Je n'avais toujours pas de chaise roulante, aucune béquille ni un autre appareillage. Mes parents firent appel à des connaissances qui travaillaient comme infirmiers, en vain. J'étais devenue un sujet de conversations pour ceux qui me voyaient chaque jour. Ce qui choquait le plus était le fait que je me tirais au sol sur les fesses pour entrer et sortir de la maison. Il fallait me porter parfois comme un bébé ou un sac de macabos pour me déplacer hors de la maison. Je ne savais plus rien de ce qui se faisait dans mon entourage. Je ne participais plus à rien et n'assistais plus à rien qui ne soit uniquement à l'intérieur de la maison familiale. Il y avait des événements et des choses même qui se passaient à la maison auxquelles je ne pouvais pas être d'une aide quelconque, encore moins participer comme les autres. Même si j'avais réussi à transcender certaines frustrations, il était pénible pour moi de vivre en restant joyeuse. C'est si difficile parfois de subir des situations qui ne dépendent pas de nous . Nous sommes impuissants , mais nous devons garder la tête haute. Rester fiers et dignes, car nous n'avons pas la capacité de faire autrement. Plus encore, nous devons braver le regard, les pensées et les actes des autres en notre défaveur, car nous ne sommes pas à l'origine de ces choses. Et qu'au contraire, tout au fond de nous, nos coeurs soupirent vers la fin de ces moments difficiles. Oui, il fallait garder le sourire.

Chapitre 12

Blessures inoubliables (suite)

« Mais non ! Je suis plein d'amour pour eux, et je vais les rétablir » (Jérémie 33 : 26).

Incertitudes.

Je fus ramenée à la maison pour d'autres soins, cette fois, chez des Sœurs. Elles s'occupèrent de mes plaies et fortifièrent ma foi. Je me souviens des paroles douces et des sourires de sœur Anne. Elle aimait m'appeler son *homonyme* à chaque fois que je me rendais au centre de santé. Mais là aussi, elles ne purent vaincre ces plaies qui résistaient à tout traitement et s'empiraient à vue d'œil. Avec tous ces efforts infructueux, les moyens commencèrent à manquer à ma famille. Mes parents, soutenus par mon oncle et sa compagne, étaient presque à bout de force. Il arriva que je rencontre d'autres personnes dont une femme voyante qui habitait le quartier. Puis un autre voyant où mes parents m'emmenèrent hors de la ville. Après lui, un guérisseur. D'écorces en breuvages, je vivais un enchaînement de traitements qui ne me laissèrent plus de vie et d'espace. Je souffrais dans mon cœur et dans ma chair. Plus difficile était de voir mes proches parler de moi. Je m'isolais alors pour pleurer. Les larmes de ma mère et de mon père me brisaient le cœur. Et, je ne pouvais que sourire pour effacer leurs douleurs. J'ai remis ce qui m'arrivait dans le cœur de Dieu. Oui, Dieu. Malgré son silence, je continuais d'espérer en sa bonté. Mais alors que ma situation me causait déjà des frustrations et des déchirures, que mon cœur supportait mal sa douleur, il m'était pénible de voir mes frères et sœurs étudier et sortir en me laissant seule ou avec mes parents. Je savais que c'était également difficile et pénible pour eux. Il arriva des moments où aucun d'eux n'osait me montrer sa douleur par rapport à mon infirmité. C'est ainsi que, du jour au lendemain, et sans le vouloir, je ne me sentais plus membre de cette famille, ni même désirable dans le quartier et encore moins une citoyenne de mon pays. Je ne m'étonnais plus devant tout ce qui se faisait autour de moi et je m'attendais sans cesse à un nouveau voyage. Il ne tarda pas à se présenter dès le mois de novembre. Toujours sur un conseil, mes parents m'emmenèrent dans un village comme d'habitude, à la rencontre d'un nouveau tradipraticien. Je me sentais lasse.

Une aventure périlleuse !

Ce fut une fin d'année dans l'ombre. Mon père qui travaillait pour nourrir la famille ne restait jamais avec moi dans ces endroits, sauf quand il lui fallait nous rendre visite le week-end. Je partis avec ma mère pour cet autre village. J'étais une fois de plus entre les mains d'un nouveau tradipraticien. Et comme d'autres avant lui, il fit aussi *sa part* de soins. De jour comme de nuit, il préparait des repas pour que je mange. Ajouté à ça, il lui fallait chercher des herbes médicinales aux champs. Il y eut des rituels du genre : cercles de feu, nuit à la belle étoile (dehors seule dans le noir et dans un cimetière) pour rechercher le mal qui pourrissait ma vie, ou encore pour me mettre en contact avec les esprits. Je me souviens qu'un jour, il fut question qu'on me fasse un rite avec des poules noires. On me fit asseoir dehors dans la cour. Après différentes cérémonies, on posa la poule sur ma tête. Il fallait que la poule tombe et parte en brousse. Elle devait emporter avec elle toutes ces maladies. Au cas contraire, si elle restait ou revenait vers moi, la situation allait être difficile. La poule resta un moment sur ma tête, puis tomba et partie. Elle fit mine à plusieurs reprises de revenir vers moi avant de s'enfoncer dans la brousse. Puis, le rituel du feu. On fit un cercle de feu et me mit au milieu. Pap, un jeune homme qui travaillait avec le tradipraticien était le cracheur de feu. Il était aussi un ami à moi et la personne à part ma mère, qui me permettait d'avoir un peu de joie dans ce village. Souffrante, ma chair dût subir quelques scarifications. Un autre jour, je dus dormir dans un cimetière familial tout près de la maison de ces gens-là. Heureusement pour moi que, durant ce traitement, je connus une fille avec qui je passai la nuit là-bas. J'étais habituée à des traitements qui ne se terminaient jamais pour des raisons diverses et inconnues. Celui-ci aussi allait certainement s'arrêter en chemin. Les fêtes approchaient et rien n'avait changé. Sans attendre, mes parents décidèrent de notre retour à la maison.

L'entourage ne comprenait plus ce qui m'arrivait et pourquoi ma famille organisait sans cesse des soirées de prière. J'étais sous les projecteurs et les rumeurs, comme les nouvelles, couraient vite et se répandaient au quartier. Pendant que ma famille était celle qu'on repoussait et qu'on ne voulait plus voir en face, moi j'étais la risée de tout le monde. Je subissais les moqueries et les commentaires qui me chagrinaient ; même les enfants se moquaient de moi. Je ne dirais pas que parmi ces personnes, je n'ai pas connu ou rencontré des gens au grand cœur. Loin de moi de mentir.

Espoir d'amour.

Ma vie avançait avec ses hauts et ses bas. Elle n'était pas toujours chaotique car je pus vivre des moments de joie. Je voyais mes frères, mes sœurs et mes amis réussir dans leurs études, dans leurs amours. Mais pour moi, la vie communautaire était marquée de monotonie. Les uns et les autres allaient avec leurs semblables. Des considérations malsaines venaient parfois détruire l'harmonie des familles. Je me préparais à fêter mon quinzième anniversaire. Vivre le rejet était une source de tristesse, mais j'avais l'amitié et la compagnie de Moïra quand elle rentrait des classes. Elle était pour moi un réconfort. En plus d'elle, il y avait les garçons de notre âge. C'était la saison des amours et des flirts pour tous les adolescents du quartier. Je n'y échappai pas malgré mon infirmité. J'avais un cœur qui voulait aimer et être aimé comme toutes jeunes filles. J'avais des amis qui s'amusaient avec moi et, parmi eux, un que j'appréciais particulièrement. Au cours de nos jeunes années, nous jouions tous ensemble. Je pris le temps de discerner les qualités et les défauts de chaque garçon. Et mon cœur se fixa sur celui qui m'était plus proche de moi. Bertoni et moi étions des bons amis et je passais la grande partie de mes journées et aussi de mes soirées dans sa maison familiale. Quand je devins infirme, il prit un peu des distances. Jamais il n'avait été question de flirt entre nous, ni de sensualité. Puisque, j'avais un autre garçon qui avait toujours était mon idéal depuis son arrivée au quartier. C'est ainsi que pendant les fêtes de fin d'année, je découvris que j'avais des sentiments particuliers et profonds pour celui qui fut pour moi à cette époque le garçon de mes rêves parmi tous les autres. Il y eut des moments de discussions et de causeries entre nous. C'était une expérience nouvelle et belle au point de me laisser la peur au ventre. Je ne pouvais pas lui dire ce que j'avais dans le cœur sachant qu'il n'avait que peu d'intérêt pour moi. Les fêtes de fin d'année étaient là. Tout était à espérer malgré mon désespoir.

DEUXIÈME PARTIE

Chapitre 13

Illusions perdues

« Il paie pour me délivrer ; il s'approche de moi quand tout le monde est contre moi » (Psaume 55 : 19).

Un monde d'évasion

J'étais une fille si timide que même ce garçon pour qui mon cœur battait l'avait remarqué. Et ce qui arriva par la suite changea le cours de nos vies. Durant ces premiers émois, il survint une mésaventure. Comme la plupart des filles, je tenais un journal qui par mégarde tomba dans des mains étrangères. Son naufrage fut une expérience qui blessa mon cœur d'adolescente. Tout ce qui faisait mon jardin secret avait été rendue public. De nouveau, tout le monde savait des choses sur ma vie intime. J'eus une fois encore honte pour ma vie et un cœur brisé par la déception, au point où même ma naissance était pour moi une malédiction. La découverte de ma vie sentimentale par les autres fit que je me réfugiai dans le silence et coupai toute relation avec l'entourage. Je sortais à peine de la maison, il fallut l'amour et le courage d'Eugène pour affronter les autres à ma place et me permettre de tenir tête à tout le monde. Je pus retrouver ma dignité et le sourire.

Les fêtes se déroulèrent dans la simplicité liée à notre famille. Et mes ambitions avaient changé. L'amitié de Bertoni et mon béguin pour Ludovic n'étaient plus que souvenir pour moi. Toutes les illusions étaient perdues. Je n'avais plus rien à espérer venant d'eux. Je retombai très vite dans la solitude et cherchai à effacer de ma mémoire toutes ces choses douloureuses pour un enfant de mon âge. Je me mis alors à penser comme une handicapée assumée devant tout le monde. À partir de ce moment, je pris sur moi de commencer à écrire des petits projets pour créer des associations et des activités afin de faire comprendre la situation que pouvait vivre une personne en situation de handicap. Je voulais associer des personnes qui n'adhérèrent pas. Les pensées humaines à mon endroit étaient déjà mauvaises et suspicieuses, ce qui n'était pas du tout favorable pour mon projet. L'échec de ce premier essai ne m'étonna guère. Je mûrissais toutes mes idées, attendant le bon moment pour que les choses se matérialisent. C'est ainsi que l'année s'acheva, triste ou joyeuse, je ne saurais le dire. J'avais l'espoir dans le cœur, et simultanément, je pouvais penser à quelque chose de négatif. Une nouvelle année s'ouvrait à moi et rien n'était plus important que mes projets d'avenir.

Mes relations familiales étaient fragiles et la vie avec mon père redevenait plus conflictuelle. Je n'avais plus que mes larmes pour pleurer et lorsque j'étais fatiguée, je me rebellais à nouveau contre tout le monde. Tellement je reprochais à Dieu de m'avoir condamnée à travers cette infirmité, que je ne pouvais que me lancer dans certains vices qui abrutirent mon être entier. Je plongeais dans une aventure sans lendemain de lectures de toutes sortes tant que cela me permettait d'oublier cette vie détruite par des personnes sans foi ni loi qui croyaient que tout le monde dépendait de leur vouloir pour être dans la vie. J'avais de la rancœur pour mon père et ne voulais plus le voir de face. De jour comme de nuit, il semait le chagrin dans nos coeurs, ce qui contribuait à noyer les sacrifices d'ores et déjà consentis pour les uns et les autres. Quant à moi c'est à peine s'il avait mon temps. Je subissais ma peine en silence.

Une année nouvelle commençait, je ne connus pas de grand déplacement, sauf un seul qui fut le dernier voyage pour la quête de ma guérison. Pendant ce temps, seule, je me contentais de lire des romans *à l'eau de rose* ou des magazines, de regarder la télévision et même de me consoler dans la musique. Je vivais une souffrance indescriptible. Je recommençais à vivre dans mon monde de papiers et de fausses illusions du bonheur que je créais et qui se dissipait au moindre problème. Je ne regardais plus cette vie de désunion dans ma famille. Et, je me fis la promesse de ne plus jamais faire confiance aux hommes. J'avais la haine du mâle dans mon cœur. Mon corps était brisé par une maladie inconnue de tous et les abus physiques. Je ne me sentais plus la force d'aimer un homme quand je regardais mon père. Je pris l'engagement de ne plus jamais éprouver un sentiment d'amour pour un homme sauf si c'était « un tombé du ciel », sachant qu'aucun être humain n'est jamais tombé du ciel. Les romans sentimentaux que je lisais pour combler ce vide affectif, émotionnel et passionnel avaient sur moi l'effet d'une drogue. Mais, je restais toujours lucide.

Je me passionnais pour les collections de musique française qu'avait mon père, une sorte de *discothèque de papa*, comme on aime appeler les titres du passé. J'étais connue au quartier pour mes passions artistiques, car je chantais devant un public libre de m'écouter ou pas. Ma santé allait de mal en pis et mes parents cherchaient d'autres moyens pour me débarrasser de mon fardeau. Il se préparait un autre voyage pour cette fin d'année et je fus informée à quelques jours du départ. C'était toujours à la même période novembre-décembre. Ils m'emmenèrent dans un village toujours hors de la ville. Il y avait un tradipraticien réputé qui devait s'occuper de moi. Nous arrivâmes et furent installés dans la maison. Les jours suivants furent un arsenal de choses mystiques qui effrayèrent mon âme. J'étais en compagnie de ma mère et surtout d'Eugène qui ne manquait presque jamais d'être avec moi. Je me souviens que pendant les trois mois passés là-bas, je dormis de nouveau près des tombeaux de cette famille. Je fus emmenée au bord de l'eau pour un bain « spirituel » et je dus accepter le dépôt des fourmis noires sur mon corps. Sans oublier des danses autour du feu. Je buvais en permanence de « l'Eboka[1] » qui est un breuvage amer.

---

[1] Il s'agit de l'écorce d'un arbre très usitée par des tradipraticiens ou dans des cercles spiritistes traditionnels chez les peuples Bantu. Elle aurait des propriétés hallucinogènes.

Un après-midi j'assistai à un rencontre à huit clos autour d'un arbre ancien où le tradipraticien me dit que le ciel était encore fermé pour moi. J'ignorai ce qu'il voulait dire par la. Et au final, ce fut un événement qui marqua à jamais ma vie : le voyage astral. Je le fis durant quatre jours, enfermée dans une chambre vide, à côté d'un mourant qu'on avait placé près de moi. Durant de ces jours, j'avais des visions et je pus voir des choses tels que mes grands-parents maternels qui me présentaient un enfant au nom de *Frédéric*, arguant que c'est le mien. Ils me parlèrent aussi de la fille de Véronique qu'elle n'a jamais eue. Chose étrange, car je n'ai jamais connu les parents de ma mère. Ensuite, dans un champ de blé mûr, je vis un homme comme le Seigneur Jésus-Christ qu'il fallait aller rencontrer afin qu'il me fasse savoir quoi faire. Dans la vision, je me rendis auprès de lui et il me répondit que pour obtenir ce que j'étais venue chercher, il fallait que toutes les personnes avec qui j'étais, nous arrachions tout le blé dans le champ. Mon esprit me fit encore voir des parties de jeux entre les grands hommes de ce monde qui pariaient toutes leurs richesses entre eux. Un moment, je fus avec eux à observer leurs jeux. Un des hommes avait tout perdu et ne savait plus quoi miser sur la table. Je devins sa mise. Ce compromis plut à un autre. Ils se mirent à jouer pour moi. Mais, au moment où il fallait me prendre, l'homme qui m'avait gagné ne put le faire, car il y avait un jeune homme qui guettait non loin, c'est lui qui vint comme un prince charmant sur un cheval, m'enlever pour m'emmener loin de ce milieu vicieux. Après, je me retrouvai dans une autre vision toujours avec ces hautes personnalités. Cette fois-là, j'étais avec une fille qui gagna un jeu concours , afin de participer à un dîner avec ces gens-là. Elle n'avait personne avec qui partir et me sollicita. Cette histoire me fit voir que nous étions à la frontière entre deux pays voisins, où il fallait aussi assister à l'arrivée de ces gens que je ne voyais ni ne connaissais en réalité. Puis, ils se retrouvèrent dans un de nos aéroports au pavillon des invités. Il y avait une fête là-bas à laquelle elle et moi assistions. C'est à ce moment-là que je fus courtisée par un homme influent qui me voulait comme compagne. Je sortis aussitôt de cette vision-là ! Alors que je me débattais pour sortir de ces horreurs, je pouvais voir de temps en temps la troupe des « mystiques » entrer et sortir de la chambre. On me réprimandait chaque fois que j'ouvrais les yeux pour observer et comprendre ce qui se passait autour de moi. Je subissais l'hypnose à travers la fixation d'une lampe devant moi que je ne devais jamais quitter des yeux. Pour finir, je fus à la tête des forces de défense dans ce chaos. Je voyais comme la fin du monde avec une guerre imminente. Et il me fallait frapper la main au sol pour rappeler à l'ordre des troupes armées du monde. Cette vision fut dramatique et choquante pour moi. J'eus d'autres songes qui ne me revinrent pas. Aux mystiques, s'ajoutaient des séances de massages et les soins avec des plantes naturelles qui contribuèrent fort heureusement à la guérison des escarres.

Au sortir de cette chambre « sacrée », je vis des personnes qui avaient aussi fait la même expérience que moi ; l'une d'elles mourut pendant le voyage.

Au moment de me réanimer, ce fut une autre histoire. J'étais assise sur une natte dehors avec mes parents. Je racontais des choses décousues. Je rapportais par exemple que j'avais un fils au nom de *Frédéric* dans ce monde-là, que ma mère devait aller chercher un remède pour soigner le mal de seins qu'elle et moi avions ensemble. Quant à mon père, il devait aller attraper un singe présent dans la brousse pour manger sa chair crue et guérir d'une maladie inconnue. Je leur disais aussi que la natte où j'étais assise avait un diamant. Je devais faire une étude selon moi sur les « dieux » sans connaître la raison. Mes visions devaient ennuyer, étonner et faire rire à tel point que le tradipraticien chercha à me faire boire un breuvage et manger une chose comme « un concombre » pour revenir à moi-même. Il demanda à ce qu'on me mette debout et qu'on m'immobilise pour l'avaler, puisque je ne voulais pas. J'étais raide et mes dents étaient serrées comme de l'acier. Ils avaient déclenché une guerre en me mettant en position du Christ sur la croix, car sans s'y attendre, cela déclencha un flot de paroles en moi. Je criais et leur disais : « Je vois Jésus, vous ne pouvez plus rien me faire. Je vous ai vaincus » ; ce qui ne plaisait pas à ces gens. Je disais des choses étranges quand soudain je vis le ciel lumineux avec au milieu et debout, la silhouette d'un homme en habit blanc qui tenait dans ses mains les gerbes de blé. C'étaient celles arrachées dans le champ. Ce soir-là, ils ne purent rien me faire avaler de leurs potions et depuis ce moment je subis leur négligence. Ma souffrance était énorme quand j'appris aussi la mort de Katiana. Elle n'avait pas pu mener son combat aussi longtemps que moi. La mort l'avait emportée et m'avait laissée vivre. Je n'allais plus jamais revoir une petite fille qui ne m'a jamais rejetée ni jamais eu honte de moi. Elle avait su donner une couleur à ma vie. Décidément, les personnes qui donnaient un peu de joie à mon cœur ne restaient pas longtemps avec moi. Dieu merci, j'avais au moins ma famille.

Chapitre 14

Un monde obscur

« Le commandement que je te donne, mon enfant, c'est que tu combattes le bon combat » (1 Timothée 1 : 18).

Seule dans le brouillard.

Je ne savais dans quel monde je naviguais durant mon séjour dans ce village. Il m'avait été donné l'interdiction de parler à mes parents de ce qu'on me faisait loin de leurs yeux. Je gardais le secret par peur de la mort. Malgré le fait que ma mère était partie, et que Suzanne était venue soutenir Eugène à mes côtés, je ne pouvais plus supporter ce traitement. Je voyais à nouveau ma famille dépenser des centaines de milles pour une chose qui ne donnait pas de satisfaction... Chez ces gens chez qui nous logions, du moins les enfants étaient de notre âge et sympathiques. En dépit des moments de joie passés avec eux, ma situation s'empira. Je commençai à manquer d'énergie et de sang à cause de l'intensité des soins médicaux traditionnels que je recevais. J'attrapai une anémie sévère qui me fit devenir blanche et maigre. Je ne mangeais plus et buvais d'énormes quantités d'eau par jour. Mon frère et ma sœur ne se doutaient pas de la gravité de ma situation. Ces gens eux-mêmes ne faisaient plus cas de moi. Ils cherchaient comment avoir d'autres choses de mes parents au nom d'un dernier traitement à faire qui retardait. À cause de mes incontinences urinaires, mon oncle Jacques vint une fois avec une infirmière amie de la famille pour qu'elle me place la sonde. Je ne pus sourire à mon oncle ni le saluer comme d'habitude. Il remarqua ce changement. De retour auprès de ma mère qui avait repris son travail, il fit part de ses remarques. Sans attendre, elle décida de venir me voir au prochain week-end. Une semaine passa et ma mère vint avec mon père pour une visite. J'étais contente. Hélas je ne pouvais pas aussi la saluer et sourire avec elle. Elle constata que mon oncle avait raison de lui dire que sa fille avait perdu le sourire et la joie de vivre. Son cœur de mère ne supporta pas de me voir agoniser de cette manière, sans qu'on ne puisse rien faire pour moi. Elle gronda mon frère et ma sœur qui n'avaient pas appelé à la maison pour signaler ma situation. Même mon père ne pouvait calmer sa colère contre ce tradipraticien et sa famille. Elle se mit à chercher comment contacter son frère pour un retour immédiat.

Le couloir de la mort.

Ce week-end-là, se dessinait ma mort imminente, parce que mes parents ne trouvaient aucune voiture pour nous ramener en ville. Malgré les fâcheries de ces gens et l'insistance de « ma mère spirituelle » qui n'était autre que la seconde femme de cet homme, ma mère put avoir mon oncle Jacques et il fut décidé qu'il vienne le lendemain. En effet, mon oncle était en voyage hors de notre ville de résidence et n'hésita pas à prendre la route cette nuit-là. Très tôt le matin quand il arriva, il ne demanda pas d'explication et ramena toute la famille à la maison. Après trois mois dans ce village loin de ma famille et de mes voisins, j'étais effondrée, malheureuse. Sur le chemin de retour, j'étais contente de pouvoir retrouver tout le monde et ne voulais plus supporter un autre choc. J'ignorais que je ne rentrais pas à la maison. Je fus directement emmenée à l'hôpital. Dès ce moment, je fus internée au service d'infectiologie où l'aide d'un infirmier fut bénéfique pour mon séjour dans ce service. Après, je fus transférée aux Urgences de l'hôpital. Les médecins ordonnèrent un don de sang immédiat pour la même soirée de peur que je ne meure. Mes parents appelèrent partout et je pus avoir trois poches. Une grâce qui n'empêcha pas l'incident qui se produisit pendant la transfusion sanguine. Il était interdit de manger ou de boire pendant ce temps-là, mais moi j'avais faim. Mon père qui était revenu à la maison me mettait aux petits soins. Je ne me souciais plus des autres détails antérieurs de la vie. Le passage d'une employée de ce corps médical auprès de mon lit fut une grâce qui m'empêcha d'autres complications graves. Elle remarqua que la poche qui m'alimentait en sang était mal placée. Elle rectifia l'erreur, en plus de demander que j'arrête de manger. Après tous mes examens, il était question de me rendre au service neurologique pour un suivi. C'était connu d'office que je souffrais des problèmes liés au système nerveux. Cependant le neurologue ne pouvait pas me prendre en charge avec les escarres que j'avais déjà sur le corps. Il renvoya d'abord mes parents pour des pansements approfondis sur ces plaies au pavillon Soins Intensifs où je restai pendant deux mois, à vivre des choses difficiles, douloureuses et traumatisantes pour une enfant. J'étais suivie par des infirmiers et des infirmières sous la surveillance de mon médecin traitant le docteur Ely. Il veilla avec soin sur moi et répondit à tous mes besoins. Il me permit d'avoir certains privilèges pour surmonter mes angoisses devant des situations tragiques. J'ai vu les pires malades entrer et sortir des chambres, entendu des cris et des voix mourantes sans oublier le défilé des cadavres matin, midi et soir. Jusqu'à ce jour, j'ai du mal à repenser à ces instants de ma vie sans frissons d'angoisse. C'était horrible !

Vers la fin du mois de novembre, les infirmières qui étaient devenues mes amies à force de voir et d'admirer ma volonté de vivre malgré ce cauchemar, ne souhaitaient plus que me voir quitter ce lieu malsain. J'étais presque la seule malade assez bien portante et consciente. Tout le reste mourait de manière successive. Tous les médecins étaient gentils avec moi. Ils ne manquaient pas de me témoigner leur affection. Je pus faire face à cette épreuve, jusqu'à ce j'apprenne le décès de la première fille de mon père. Je paniquais et ne voulais pas aussi mourir si vite. Peu à peu, je changeai mes bouquins contre le nouveau testament ou encore les livres de prière de papa que je lisais sur mon lit de malade. On venait de me changer de chambre, puisque celle où j'étais devait être désinfectée. J'étais la seule malade encore en vie de tous ceux qui l'avaient occupée. Hélas, il se passa quelque chose d'horrible : je ne pouvais plus penser aux dernières heures des personnes décédées et sans imaginer les miennes. Mes parents avaient de plus en plus de problèmes.

On me fit faire des examens demandés par le neurochirurgien docteur Dji. Les résultats révélèrent une atrophie et une compression médullaire qui nécessitait une opération d'urgence. Il fallait aussi se rassurer que ce n'était pas une tumeur. Heureusement, ce ne fut pas le cas et je pus m'entretenir seule avec le neurochirurgien qui me rassura du succès de l'opération. À ce moment-là sur le plan spirituel, j'étais accompagnée par un ami de mon père et son groupe de prières. J'allais aux prières dans une église pentecôtiste et la bergère qui me suivait là-bas confirma par une révélation la réussite de l'opération ce qui aida mes parents à dire oui. De mon côté, je migrais de la peur à la sérénité pour affronter cette épreuve de vie ou de mort. Je commençai à prier et à me confier au Seigneur chaque jour. Et arriva le matin du jour de mon opération ; j'étais toute joyeuse, confiante et n'avais peur de rien. Malgré la faim, je partis pour le bloc sachant que j'avais le soutien d'une de mes cousines médecin et de toute ma famille, ainsi que celui de mes amis et du personnel. Je fis un pacte avec le Seigneur en lui disant : « Si je sors vivante du bloc, je te suivrai toute ma vie. » Ce fut le seul pacte que je fis de ma vie et je vécus un miracle ! Dieu accepta mon pari et exauça mon vœu.

Des heures passèrent et l'opération fut un véritable succès ! Il me fut rapporté que je me réveillai peu de temps après, avant de me rendormir jusqu'au soir. Et, je me souviens m'être réveillée en soirée pour ne dire : « J'ai faim » ; toute ma famille était autour de moi. Ce fut un moment de pure joie pour tout le monde : ma famille, les médecins et infirmières, mes amis, et surtout mes sœurs qui veillaient sur moi. Ah, Émilienne qui avait lutté, craint et pleuré pour moi s'était réjouie de me savoir en vie. Elle ne tenait pas en place, car à cette période, c'est elle qui était le plus souvent à mes côtés. Dans ce service, le bonheur était complet devant ma joie de vivre. Une semaine passa et ils applaudirent mes efforts pour m'asseoir, au point où, il était devenu une habitude de prier et de louer le seigneur dans notre chambre. Dieu avait accepté mon pari ! Mon anniversaire était proche. Je voulais le fêter avec le personnel médical de ce service, qui tenait aussi à rendre hommage à mon courage. Mais le chef service, ne sachant rien de tout cela, avait ordonné ma sortie de l'hôpital. Bon gré mal gré, mes parents signèrent le bon et quelques jours me suffirent pour rentrer à la maison. Je pus dire adieu à cet univers morose, mortifère, et merci à ces gens formidables et dévoués que j'avais rencontrés au cours de ces trois mois de calvaire. Ce fut le bonheur à la maison et une fin d'année reposante. Pour moi, il fallait tenir la promesse faite au seigneur et je savais que cela n'allait pas être chose facile à cause des liens du passé. Une parole donnée devait être tenue.

Une porte se ferme !

Les gens ne manquèrent pas d'afficher leur surprise en me voyant toujours en vie. Ils s'attendaient peut-être à ce que je meure ou que je ne puisse plus sourire. Mais, je pus retrouver ce quartier que j'avais quitté depuis six longs et terribles mois. Tout était calme et les gens semblaient plus renfermés. Cependant, moi je ne me souciais plus de ce que pouvaient penser les autres de moi, ni de savoir qui était ou n'était pas avec moi. Une nouvelle année avait commencé ; j'avais le désir de respecter mon engagement envers le Seigneur. Il me fallut beaucoup de temps pour renoncer à mon passé et ne plus avoir aucune attache. Eugène était devenu chrétien et sa foi était visible et sincère. J'avais pu voir des changements si rapides en lui. Sur mon lit de malade, il me parla tant de sa vie nouvelle que je n'avais que le désir de faire la même expérience. Je savais qu'il était dans un groupe de jeunes chrétiens appelé Union Chrétienne des Jeunes Gens. Mais, il ne m'était pas facile de refaire confiance à des jeunes gens, fussent-ils chrétiens.

Chapitre 15

Un grain de foi

« Si tu as la foi comme un grain de moutarde. Rien ne te sera impossible » (Matthieu 17 : 20).

Je ne suis pas entrée dans la vie chrétienne de manière prompte et radicale comme certains chrétiens dans le monde. Non, il y avait des liens du passé qu'il fallait couper un par un. C'étaient des choses que j'avais cultivées pour ma survie dans ce monde cruel. J'avais en moi des racines solides qui ne furent pas faciles à détruire. Je n'avais plus confiance en personne et cela me créait des blocages face à toutes les propositions venant des autres. Malgré leur bonne volonté, je ne me fiais plus à mes amis d'enfance dont je vécus le rejet à un moment critique de ma vie. Je me repliais dans mon univers personnel et même ma famille n'arrivait plus à comprendre mon comportement. Les personnes à qui je parlais étaient rares ; un choix afin de m'éviter d'autres blessures et chagrins. Pour moi, en dehors de ma mère, je n'avais que Lex et Eugène avec qui je m'exprimais autant que je pouvais le faire sur ce qui me tenait à cœur. Je n'avais qu'un objectif : réaliser mon projet de création d'un centre en faveur des personnes en situation de handicap. Lex fut d'un secours immense à ce moment de ma vie. Il eut une grande influence sur moi durant les années qui suivirent, autant pour la formation de mon caractère que pour ma vie sociale. Je n'oublierai jamais nos causeries de jour comme de nuit. Mon père qui revenait peu à peu dans la vie de famille n'était pas d'avis que d'autres personnes prennent soin de sa famille en dehors de lui. Quelques années après, Lex commença à se séparer de nous et finit par quitter la maison. Je vivais mal ces problèmes familiaux et ne pouvait que rejeter les autres. Je ne cesserai de bénir et de remercier le Seigneur pour la présence d'Eugène dans ma vie. Il a été pour moi le deuxième pilier de ma foi chrétienne.

En souvenir de mes expériences passées dans l'Église catholique romaine où je n'ai eu aucun problème particulier, je pris l'engagement de ne plus jamais ouvrir ces portes pseudo-spirituelles déjà fermées dans ma vie. Je savais désormais quelle était ma position dans le monde spirituel et que certaines pratiques pouvaient déclencher un retour en arrière vers ces rituels qui avaient perturbé mon existence. Je refusais de replonger dans un monde « mystique » que m'avaient ouvert les voies de l'exorcisme, du spiritisme et de l'occultisme. Il m'est devenu impossible jusqu'à ce jour de faire des cultes avec des objets et autres manuels de prière, fussent-ils des sacramentaux ou des livres de prières fiables. Dans mon cœur, je savais quel impact pouvait avoir de telles pratiques sur moi et mon esprit se ferma à ce monde. À cause de cet engagement personnel, je subis bien de réprimandes et de reproches des membres de ma famille et l'abandon de la part de mes proches, mais nul n'est Dieu pour me juger ou me condamner, car personne ne sait ce que j'ai dû vivre et endurer pour arriver à prendre cet engagement radical.

Mon cheminement spirituel !

Peu à peu, je commençais à m'intéresser aux « affaires chrétiennes » d'Eugène à la maison. Je pouvais librement fouiller ses effets en quête d'un traité, d'un livre qui parlait de Jésus ou de tout ce qui est liée à la vie chrétienne. J'avais déjà eu de nombreux entretiens avec le pasteur Étienne de notre église locale tant à la maison que lors des événements de l'église sans pour autant être convaincue de l'utilité absolue de ce Chemin de Vérité et de Vie. Je me rassasiais d'entendre les paroles des anciens qui me rendaient visite ou me rencontraient régulièrement. J'étais ravie de voir les amis chrétiens de mon frère venir à la maison. Il me semblait nécessaire d'être ouverte à ces personnes et de pouvoir profiter des moments de joie et de partages que j'avais avec eux. Bien que freinée par des pesanteurs, je me liai avec les intimes d'Eugène. Ils essayèrent de me persuader de renoncer à tout ce qui avait fait ma vie jusqu'à ce moment. Au-delà de ma promesse envers le Seigneur, face à l'insistance des autres, je me bloquais et m'éloigner d'eux. Je finis par renouer avec mes amis d'enfance pour ceux qui ne m'avaient pas laissée tomber, parce que je garde des grandes marques d'affection et des aides importantes de quelques fidèles dans mon cœur. Au bout d'un temps, je compris que mes nouveaux amis étaient plus « têtus » que moi. En vérité, je dirais plus « persévérants » dans leur mission d'évangélisation et de soutien. J'étais une petite sœur pour eux, ils ne voulaient pas me laisser sombrer dans la tristesse. C'est ainsi que chacun d'eux, d'une manière ou d'une autre, entreprit de me faire aimer le Seigneur de façon nouvelle et m'emmener vers la conversion.

Oui à Dieu !

J'étais motivée à vivre une vie différente et rien n'en était plus un obstacle ; même pas la pensée des uns et des autres sur ce groupe qui attirait de plus en plus Eugène. Je passai toute une année de préparation et de réflexion sur la vie chrétienne. Il arrivait que je rencontre des jeunes unionistes formidables qui me faisaient davantage connaître les choses de Dieu. C'était magnifique ! Bien qu'une lutte infernale se liguait entre mon âme et les dures passions de mon cœur, je pouvais communiquer avec eux et jouir de leur visite. Cependant il m'était difficile d'être avec eux ailleurs qu'à la maison. J'étais frustrée et triste de cette restriction qui semblait ne pas vouloir changer. Toutefois, Eugène qui le savait, s'arrangeait toujours à me raconter tout ce qui se faisait loin de moi. Il me montrait parfois des photos. Et même, les nouveaux amis ne cessaient de m'appeler ou de m'écrire. J'étais heureuse comme jamais d'avoir passé une fin d'année exceptionnelle et riche en amour.

Cette fin d'année 2005 fut un moment décisif pour ma vie. Pendant des mois, je continuais mon apprentissage avec Eugène qui ne manquait jamais une occasion de me parler de la vie en Christ et en communauté chrétienne. Encore mieux, il ne me jugeait pas et ne me condamnait pas quant à mes liens avec mon ancienne vie. J'étais enthousiaste et remplie de pensées et de choses positives. Autour de moi, les gens voyaient notre changement de vie et ne pouvaient que parler entre eux. Mes nouveaux amis apportèrent du réconfort à ma mère qui revit le sourire sur mon visage. Je n'étais pas toujours forcée de partager leurs opinions sur tout et même de faire semblant en leur présence. Je crois que c'est ce qui fit la force de notre amitié, et nous l'avons vécue dans la franchise et la sincérité. Personne ne m'imposait quoi que ce soit pour me faire adhérer à leur mouvement. Malgré l'énorme risque, nous trouvâmes un moyen me permettant d'assister aux activités de l'église : Eugène et moi devions emprunter la moto. C'était une véritable audace de la foi. Dès cet instant-là, je ne manquais presque jamais une manifestation organisée par le groupe des unionistes ou des responsables paroissiaux. Qu'il fût merveilleux d'assister à toutes ces soirées de louange et d'adoration, parfois aussi aux soirées théâtrales qu'organisait la Troupe des Moissonneurs. Je vivais les plus beaux moments de ma vie sociale et communautaire. Malgré son opposition du départ, ma famille ne put m'empêcher de vivre ces moments de bonheur. J'étais contente de voir Eugène et les autres amis exprimer leur amour et leur engagement chrétien devant tout le monde à travers l'art musical et théâtral. Ils avaient aussi d'autres activités qui les faisaient connaître tant à l'intérieur qu'à l'extérieur de la paroisse. L'aventure était belle. Et elle satisfaisait mon cœur. Elle me fit rencontrer des foules de personnes aimables et me permit d'avoir plein d'autres amis. De façon inattendue, je connus un autre moment de tristesse avec le départ imminent d'une amie qui devait poursuivre ses études à l'étranger. Alors que je m'étais transformée et avait coupé les liens du passé pour devenir une nouvelle personne, j'avais hâte de lui parler de mon désir de m'engager avec Dieu. Notre rencontre fut discrète et riche en partages sur l'amour et la foi. Natie, joyeuse de ma démarche, ne put malheureusement pas retenir ses larmes en m'annonçant son départ proche pour l'étranger. Je n'oublierais jamais cette matinée pleine de tristesse et de joie mêlées pour chacune de nous deux. À cette époque, elle était une des rares et véritables amies que j'avais connues jusqu'à ce jour. Nous étions heureuses d'avoir pu vivre cette belle amitié et Eugène, qui rentrait d'une sortie, fut témoin de nos au revoir. J'avais fait la promesse de ne plus jamais fermer mon cœur aux autres, puisque j'ignorais si en le faisant je rejetais les anges de Dieu. Natie voyagea. Elle ne put assister à ma conversion qui a eu lieu juste quelques semaines après. Tandis que les autres priaient pour mon salut, Eugène m'assurait un soutien spirituel à domicile. Après des causeries, prières communes, jeux et études bibliques avec des instants de musique dans notre vie quotidienne, je pris un nouvel engagement avec Dieu : je me convertis. Ce fut pendant une simple prière. Un moment d'intimité avec Dieu. Un soir où je fus seule avec Dieu, je lui dis de tout mon cœur : « Jésus, je t'aime et je te donne ma vie. »

Chapitre 16

Éclosion

« Ne sois pas étonné de ce que j'ai dit : il te faut naître de nouveau » (Jean 3 : 7).

Un pas vers l'avant!

J'avais mis un long temps à prendre cette décision. Après tant de résistance, je finis par me rendre compte que ma vie sans Jésus était triste et sans espoir. Tout ce que je faisais n'était que vanité et ne m'augurait pas un avenir meilleur. Mes journées et mes nuits commençaient et se terminaient dans des hésitations qui ne menaient à rien. Or, ce que je voulais était de prendre un nouveau départ. Je me retrouvai un jour seule dans ma chambre et me demandai ce qui m'empêche de répondre à l'appel du Seigneur dans ma vie. Je n'avais aucun témoin, ni aucun guide pour me conduire dans la prière et avec mes mots ; alors je m'abandonnai au Seigneur :

> « Seigneur, me voici avec ma vie et mes blessures. Je ne suis pas propre, car trop de choses ont sali ma vie. Je viens à toi pour que tu me laves de ton eau pure. Je veux te suivre et vivre avec toi et pour toi, toute ma vie te servir. Désormais, je suis à toi pour l'éternité. Amen. »

Je n'avais aucune formule de prière pour ma consécration. Seule, je pouvais m'exprimer devant lui. Rien d'extraordinaire ne se passa. Il m'arriva juste d'éprouver une joie immense dans mon cœur. J'eus hâte de le partager avec Eugène. Il était très content et jamais plus cette joie ne m'a quittée. Elle est toujours présente en moi et sur mon visage, même quand tout va mal. Elle est là ! J'étais devenue enfant de Dieu née de nouveau et ma famille spirituelle ne manqua pas de m'accueillir les bras ouverts et le cœur entier. Je n'avais plus de chagrins quant à mon handicap vu que personne ne voulait plus en faire un frein à mon épanouissement personnel. Je pouvais aller et venir sans aucun souci. Malgré quelques blessures et maux que je pouvais subir dans mes déplacements ou pendant les manifestations au milieu des regards curieux, rien n'était plus une limite ; encore moins, les gestes incontrôlés des uns et des autres. Je ne faisais plus rien de manière à plaire aux autres, parce que ce sont les autres qui cherchaient à me connaître. Car, ce que le Seigneur fait est pour sa gloire ! J'eus la joie de rencontrer le président national des jeunes unionistes qui était content de ma présence parmi eux pendant les fêtes de la fin d'année 2005 qui furent inoubliables. Nous avons parlé longuement et il me fit comprendre que je pouvais venir au mouvement librement autant que ma santé me le permettrait. J'avais encore des escarres et ne pouvait pas faire n'importe quoi au risque de me créer des ennuis. Mes amis connaissaient bien ma situation et ne manquaient pas de faire leur possible pour me rendre heureuse. Je leur suis reconnaissante pour leur amour pour moi.

Un changement merveilleux !

C'était le bon temps ! Et pourtant, l'ennemi était omniprésent. Il rôdait sans cesse autour de ma famille et cherchait une faille pour entrer faire son ignoble travail. J'étais à l'abri, mais je subissais les influences des problèmes spirituels de ma famille. Celle-ci recommença à chercher l'aide des prêtres pour un nouveau suivi et d'autres séries de traitements spirituels. Ma famille était sous « l'emprise » de la puissance du mal, au regard de ce qui se disait, les maladies qui s'abattirent sur mes frères et mes sœurs confirmèrent ces choses. Ma famille fit appel à un autre prêtre exorciste qui vint faire des prières et des neuvaines avec nous à la maison. Étrangement, il révéla des choses sur ma vie et sur celle de ma famille, qui suscitèrent en nous des suspicions. Il nous fut difficile après de faire confiance les uns aux autres, tant au village qu'en ville. Comme les précédents, il ne put finir son suivi à cause des problèmes qu'il y eut dans la famille. Cela ne me faisait plus rien puisque jamais, je n'avais accepté un signe de possession dans ma vie. Il partit comme les autres avant lui. Je ne croyais plus qu'en une seule et unique personne : Jésus-Christ.

Il était devenu le centre de ma vie et mon unique espoir. Je me plaisais à lui parler pendant des heures et lisait constamment la Bible pour me remplir l'esprit de bonnes pensées ou paroles. Je pouvais prier et chanter la joie de mon salut. Il me comblait de manière exceptionnelle. Je n'étais plus une personne triste lorsque tout le monde sortait et me laissait seule à la maison. J'avais un nouvel ami fidèle, qui était avec moi, à mes côtés chaque jour et à tout heure. Les gens se demandaient comment s'était opérée ma transformation et qu'est-ce qui s'était passé pour que les choses qui me faisaient pleurer, crier, gronder et me rebeller dans le passé ne m'atteignaient plus profondément. Mes frères qui me surprenaient toujours à rire et à monologuer, disaient toujours de moi que « je suis folle », même quand ils connaissaient le sujet de ma joie. Eugène même était souvent surpris par mon changement et le fait que je devenais une personne épanouie. Je souriais à la vie. J'étais une adolescente qui avait de nouveaux rêves et des solides repères. Il y avait en moi un souffle d'espoir qui remplissait ma vie. Malgré les soucis de la vie et la tristesse de mon vécu à la maison, je pouvais croire et maintenir un équilibre dans mon être entier. Je ne me fiais plus à ce qui pouvait être dit sur l'origine « mystérieuse » de mon infirmité. Je me libérais peu à peu de mes complexes d'infériorité et de personne illettrée. Je devins une autodidacte par rapport à mon instruction et à mon éducation, en dehors de ce que je pouvais apprendre venant des autres.

Depuis l'arrêt de mes études, j'avais fait plusieurs tentatives de retour à l'école qui restèrent des échecs. Mes parents estimèrent que ce n'était pas possible à ce moment-là. J'étais triste, mais je rangeai mes désirs. Pendant les années qui suivirent mon année de grâce, je m'arrangeai à tout faire avec ma famille, même si je refusais ce qui me semblait un compromis ou ne me plaisait pas. J'avais appris à faire mes propres choix et à décider de ce que je voulais ou pas. C'était le seul moyen pour moi de m'imposer et de faire respecter l'unique chose qui me restait dans ma vie personnelle : ma liberté intérieure. Je ne faisais rien d'autre que vivre la vie à portée de mon cœur. Ce changement faisait que ma vie n'était plus la proie du négatif, ni sous totale dépendance de ma famille et de ceux qui avaient toujours voulu tout contrôler sans me laisser dire ma pensée. Il était douloureux de dépendre totalement des autres chaque jour. Pour les uns, mes revendications frisaient l'orgueil, le mépris et la prétention. Pour les autres, j'étais une idéaliste, une rêveuse et une mendiante. Chacun pouvait parler selon ses désirs ; d'ailleurs il y avait toujours à redire. Il vint une période où, selon certaines révélations, ma famille était destinée à l'extinction, en particulier les enfants. Ceci entraîna de nombreuses luttes et guerres spirituelles avec le soutien d'un groupe de prêtres amis de la famille. Du village à la ville, ils soutenaient la famille dans les neuvaines et les messes pour la délivrance et la restauration de notre maison. Je pus être aussi en relation avec une masseuse qui s'occupa de moi pendant quelques mois. Cela me permit de sortir de la maison. Le coût revenant cher, ma famille fit un arrangement avec elle pour que je sois massée à la maison. C'en était fini avec mes sorties qui me permettaient de voir l'extérieur de la maison et savourer les délices de la ville. J'avais fait des progrès physiques et mon oncle chez qui je suivais ces massages en était fier. Quand il devint compliqué de continuer avec ma masseuse, un prêtre ami de la famille prit la relève et me suivit aussi sur le plan spirituel. J'avais confiance au Père Clément. À ce moment-là, j'eus un peu de répit dans ma vie mouvementée. J'étais sur deux ponts dans la vie religieuse : d'un côté l'Église catholique et de l'autre, l'Église évangélique. Je n'avais pas encore pris le cap sur une destination unique et finale, bien que très marquée par les catholiques. Je ne voulais pas être en relation avec d'autres responsables religieux que le Père Clément. Il m'accompagna pendant un long temps et je pus découvrir d'autres richesses de l'Église. Je pus lui confier mon désir de devenir religieuse dans l'avenir. Il me conseilla une plus grande réflexion, une attente de la réponse de Dieu dans la prière. Je gagnais en assurance et en maturité. En plus, je me sentais en sécurité.

Je n'ai pas toujours approuvé tout ce qui était fait dans ma famille jusqu'à ce jour. Mais je n'ai jamais dit et ne dirai jamais que je déteste ma famille, ou que j'ai un regret si ce n'est celui de ne m'avoir pas toujours comprise dans mes choix. Je ne savais pas exactement quel courant religieux choisir, parce que ma famille s'était fait un choix : l'Église catholique. Ma vie était à un carrefour spirituel. Je côtoyais toutes sortes de confessions, d'obédience chrétiennes, les églises conventionnelles en l'occurrence. Cependant, comme les gens de toutes idéologies ayant un repère sûr, je savais que jamais je ne faillirai dans le choix de mon cœur.

Chapitre 17

Un chemin nouveau

« Toi, seigneur, tu ne me fermeras pas ton cœur et ta fidèle bonté sera ma constance sauvegarde (Psaume 40 :12).

Un guide

J'étais dans une phase déterminante de ma vie et je voulais faire les bons choix. Il n'était plus question que je vive en fonction des autres. J'allais bientôt avoir 20 ans et ne savais pas toujours quoi faire. Je savais au fond de mon cœur que je voulais devenir enseignante missionnaire. Mais, je n'avais fait aucune étude pour cela. Entre temps, j'avais longuement prié pour connaître la volonté de Dieu et son projet pour ma vie. J'avais déjà sa réponse. Il fallait juste que tout devienne concret. L'impatience et la vie dure à la maison m'épuisaient et me poussaient à chercher sans cesse des moyens pour vivre mes rêves. Je n'avais plus trop de souci de santé, mis à part les escarres qui me faisaient voir de toutes les couleurs. Il y avait des jours où ils semblaient finir et d'autres où ils s'aggravaient en créant des frayeurs. Je voulais échapper aux nouvelles influences qui perturbaient ma vie de famille. Je savais exactement ce que je voulais et quel était le projet de Dieu pour moi. Pendant que je grandissais spirituellement et que ma santé s'améliorait peu à peu, j'avais décidé, suite à la proposition d'un ami, de suivre des cours par correspondance dans un centre d'Emmaüs. Mon ami Barnabé obtint lors de mon inscription que j'aie mes cours à domicile. Je commençai donc avec joie et fidélité à travailler pour recevoir une éducation chrétienne approfondie et acquérir plus de maturité spirituelle. Ce fut une expérience riche et porteuse de fruits puisqu'elle joua un rôle capital pour la formation de mon caractère et m'aida à comprendre réellement l'appel de Dieu en ce qui concerne ma vocation : devenir à mon tour une éducatrice afin d'encadrer les jeunes dans divers domaines de la vie. Je souhaitais travailler avec eux dans la relation d'aide et la formation. J'étais très enthousiaste et ne pouvais que corriger mes objectifs de vie. Il arrivait que mon ami soit empêché de venir me donner les cours. Compte tenu de cette situation compliquée, je pris la décision d'écrire aux missionnaires en charge de mes cours à Emmaüs. Une petite note suffit pour que je commence à travailler et jouir des visites d'un couple de missionnaires. Le couple Koa m'était sympathique. J'étais vraiment heureuse.

L'amour au bout du fil !

Alors que mon suivi spirituel s'intensifiait et que je grandissais dans la foi, je suppliai le seigneur de me faire rencontrer l'amour. Je tenais toujours la promesse de n'aimer et ne dire « je t'aime » qu'à un seul homme après mes déceptions passées : mon époux. Il est vrai que j'appréciais beaucoup mes amis et frères dans la foi, mais un en particulier. Je savais néanmoins qu'au-delà de ma foi et de ma belle personne, même un chrétien aurait du mal à s'engager avec moi pour une relation aboutissant au mariage. J'interdis donc à mon cœur d'aimer de cet amour-là, pour ne pas souffrir et être à nouveau déçue. Je me contentais d'être une amie ou une petite sœur pour tout garçon. Le danger de cette attitude est qu'elle éloignait de moi les garçons sérieux, chrétiens ou pas, qui venaient vers moi avec une pensée plus grande qu'une simple amitié. À ce moment-là, mon cœur semblait aveugle et exigeant. Je ne voyais personne. Et aucun jeune homme ne parlait ouvertement de ces choses avec moi. Aujourd'hui, beaucoup sont mariés et heureux avec leurs épouses. De plus, nous sommes restés de très bons amis. Certains se cherchent encore ou sont en route pour leurs noces. Que du bonheur pour eux.

Cependant, alors que j'étais là à admirer mes amis et à leur souhaiter tout ce qu'il y a de bon, le destin s'en mêla et un coup de fil suffit à changer les choses et à ouvrir mon cœur. C'était un inconnu et un jeune homme qui avait tout pour me faire rire. Je venais d'avoir une nouvelle amie au quartier avec qui je me plaisais à partager mes pensées et mes actions. Au bout d'une année, elle devint précieuse pour moi. Au cours d'un de ses voyages, elle alla dans un village hors de la ville. Je ne savais pas qu'elle s'était déplacée. Prise par le désir qu'elle passe à la maison, je pris sur moi de l'appeler au téléphone. Elle me répondit qu'elle était loin. Au moment où elle me parlait j'entendis une autre voix près d'elle. Cette voix était belle et attira mon attention au point où je fus tentée de demander à Penda qui était cette personne. Je savais que c'était un garçon. Il parlait tellement que sans m'y attendre il m'envoya un « Bonsoir » chaleureux. J'arrêtai la communication. Pourtant mon cœur resta accrocher à cette voix. Un autre jour, je finis par demander à Penda qui était ce jeune homme, car, j'hésitai à savoir s'il était un enfant ou un homme. Elle me fit comprendre que c'était « son petit-frère » de cœur à elle. Elle me permit de nous mettre en contact afin de me permettre de découvrir par moi-même qui il était en réalité. Elle m'avait parlé et assuré de sa foi chrétienne. Jusqu'à ce jour, j'ignore ce qui m'avait « accrochée » à lui. Avec la pensée que c'était un enfant, je fis le premier pas. Je lui envoyai un message. De son côté, il se renseigna d'abord auprès de notre amie pour répondre à ce message. Je reçus son appel et depuis ce jour, il y eut une belle histoire. Hélas, je ne savais pas comment gérer mes émotions. Encore si jeune et novice dans les langages de l'amour. Le fait que je sois introvertie et traumatisée fut un réel problème dans cette amitié nouvelle qui se voulait particulière. De son côté, il avait ses propres blessures et la distance qui ne jouaient pas en notre faveur. Pire encore, je ne pouvais pas me déplacer pour de meilleures fréquentations. Même si au départ cela ne lui causait aucun souci, le téléphone devint vite insuffisant.

Trois mois après, il vint me rendre une première visite. Je ne manquais pas d'amour avec lui quand tout commença et je pris le temps de mieux le connaître avant de m'engager avec lui. Tellement de choses nous unissaient et tant d'autres nous éloignaient l'un de l'autre. Pourtant, un lien fort tenait nos cœurs ; tous les deux nous savions que c'était un amour intense et vrai. Malgré les difficultés, il y avait de la tolérance et de la confiance. Nous décidâmes qu'il vînt pour que nous passions les fêtes ensemble. Il le fit deux jours avant Noël, je croyais rêver. Penda à mon insu organisa la rencontre. Ce fut pour moi, une belle surprise ! C'était une joie de découvrir qu'il n'y avait pas grande différence entre nos pensées et la réalité. Après qu'elle l'eut conduit ce soir-là, Penda était partie et nous pûmes avoir une conversation simple. Malik était un jeune homme beau, instruit et éduqué, qui savait bien dans quoi il se lançait avec moi. Pourtant, il ne me dit pas grand-chose à notre première rencontre. Il observa et confirma juste que j'étais une fille introvertie qui ne savait pas suffisamment exprimer ses sentiments. Contrairement à lui qui était extraverti et ne manquait pas de me le montrer dans nos causeries. Je n'étais pas habituée à ce genre de relation, du moins de manière réciproque. Après un temps, il rentra. Je vécus un 23 décembre sous de beaux nuages.

Pour le réveillon et Noël, il tenait à passer les fêtes avec moi. J'eus une grosse panique, parce que je n'étais pas habituée aux fréquentations amoureuses. De plus, il fallait redouter l'œil invisible mais présent de mon père. En plus, ses amis le voulaient dans son village avec eux. J'avais sauté sur ses excuses, ne pouvant pas lui dire ce qu'il attendait : « reste », et il reparti. C'est avec tristesse que je le vécus, mais bienheureusement, le téléphone aida à passer des moments de conversations dans le partage des instants festifs de cette fin d'année. Mon indécision et mon manque d'expression furent de beaucoup dans notre séparation trois ans plus tard, même si je reste convaincue que ce qui n'est pas pour nous finit toujours par nous quitter. Mais j'ignorais s'il était pour moi. La peur de l'engagement et la distance eurent raison de nous. Je savais ce jeune homme beau et j'avais peur qu'un jour à cause du handicap, qu'il ne cherche une femme meilleure. Je n'avais pas encore conscience de la belle jeune femme que j'étais.

Chapitre 18

Des blessures douloureuses

« Personne n'a jamais vu Dieu. Mais le Fils unique qui est Dieu et demeure auprès du Père, lui seul l'a fait connaître » (Jean 1 :18).

Manque de direction.

J'étais entre deux mondes. Je ne savais plus quel chemin menait au bonheur. Au bout de l'année nouvelle, mon travail avec les missionnaires d'Emmaüs affermit ma foi, fit entamer l'année 2009 avec plein d'espoir dans le cœur. J'avais encore grandi dans ma foi et une de mes résolutions fut de ne plus m'accrocher aux choses ni aux gens qui me causaient de la souffrance. Malik reprit contact avec moi après un temps de recul et de silence. Je pus retrouver la joie de son amitié et ne m'attardais plus sur les détails. Mes cours bibliques se déroulaient bien. Je recevais un encadrement très particulier avec les missionnaires dont les conseils furent un énorme soutien pour moi. Pendant ces premiers mois je refusais toute autre éducation chrétienne que celle que j'avais reçue et dans laquelle le Seigneur me permettait d'évoluer et de m'épanouir librement. Mes parents voulurent à nouveau que je suive d'autres traitements traditionnels avec le fils soi-disant d'un *Mbombock* qui me paraissait n'avoir rien de sérieux. Au début, je cédai, puis, je pus m'opposer à mon père. Il tenait à ce que j'aille jusqu'au bout. Je m'y refusai ; il renonça à s'intéresser à tout ce qui concernait ma vie. Mais j'étais entre les mains de Dieu.

Je vivais constamment sous la pression et dans une guerre spirituelle farouche, pleine de compromis et de confusions. Mais, au fond de moi, je sais et j'ai la pleine conviction que peu importe les religions et les traditions de ce monde, il y a du bon et du mauvais de tous les côtés. C'est pourquoi, je me suis décidée à m'accrocher à une seule source de foi : Jésus-Christ. En raison de la quête de la guérison j'ai traversé diverses épreuves et côtoyé divers mondes spirituels constitués de lumière et de ténèbres. J'avais accepté de rencontrer divers personnages de la médecine traditionnelle, comme ceux de la médecine moderne, jusqu'à ce que les expériences de la vie me conduisent à la médecine divine, auprès des prêtres et des pasteurs. J'ai rencontré des voyants, des guérisseurs et même des marabouts et des charlatans ; j'ai été visitée par des membres des diverses églises connues de ce pays : les catholiques, les protestants, les évangéliques, les pentecôtistes, les adventistes et même les témoins de Jéhovah. De toutes ces personnes, j'ai eu à apprendre des grandes leçons pour ma vie. De même, j'ai traversé des moments affreux qui m'ont laissé des blessures et des traumatismes. Je mis du temps à pouvoir parler de toutes ces choses aux gens, même à ma famille. Il y avait des choses qu'on me demandait de ne pas dire aux autres, d'autres qui m'étaient interdites. C'était dur de vivre ces angoisses qui nourrissaient des craintes folles dans mon âme. Je n'avais plus aucun espoir de vivre un jour ma liberté. Je ne supportais pas le fait qu'au nom de la guérison ou parce qu'on m'apportait de l'aide, je devais me soumettre entièrement à toutes les volontés des autres, supposées être le désir de Dieu. J'étais devenue sceptique. Je commençais à m'endurcir peu à peu et me fermais à toutes ces propositions qui me troublaient l'esprit. Je ne connaissais plus que la tristesse de me savoir privée de certaines choses de la vie à cause du handicap. Au moins la vie dure de ma famille et les leçons de vie des missionnaires d'Emmaüs m'apprirent à vivre dans le contentement.

De nouveau, je repensa à la reprise de mes études mais les conditions furent difficiles compte tenu des revenus limités de mes parents qui étaient désormais à la retraite. La pension de mon père suffisait à peine pour subvenir aux besoins de la maison et aux études de mes frères et sœurs. Il fallait aussi voir les difficultés et le manque d'infrastructures adaptées aux personnes en situation de handicap dans la société courante et même dans les écoles. Même si on parvenait à réunir de l'argent, je devais avoir trop de peine pour aller dans un établissement scolaire et suivre des cours normalement comme les autres. Ma famille apprit par d'autres personnes qu'il me serait difficile de bénéficier de l'aide octroyée par l'État aux personnes dans ma situation. Je ne voulais pas y croire sans tenter des démarches personnelles. Pour mon père, il n'était pas encore disposé à entreprendre ce genre de démarches qui entraîneraient sans doute des dépenses financières importantes et manquantes. Ma mère ne travaillait plus. Entre temps au mois de juin, je repris avec des amis, le travail sur mon éternel projet en faveur des personnes en situation de handicap. Il y eut de nombreuses réunions de travail pour le lancement des activités. Nous étions en train de finaliser les choses lorsque le groupe commença à se disloquer avec le départ de ses membres pour des raisons différentes : écoles, familles, mariages et études. J'étais effondrée. Bien qu'ils m'aidassent à élargir ma vision sur ce projet, OJS ne put malheureusement pas être mise en application à cause de mon état de santé préoccupant et quelques problèmes de papiers officiels tant pour moi que pour le groupe. Leur départ me fit renoncer à mon rêve.

Des mois plus tard, je relançai mes démarches avec des amis qui m'aidèrent à constituer un premier dossier complet à déposer au Ministère des affaires sociales pour une prise en charge. J'attendis avec beaucoup d'espoir de voir mes craintes dissipées, car je voulais à tout prix reprendre mes études ou encore suivre une formation professionnelle qui me permettrait d'avoir un métier et de gagner ma vie. Ma mère se préoccupait plus de ma santé et voyait parfois dans mes démarches une cause de souffrance. Et pourtant, je tins ferme. Les autres voyaient en cela une manière de montrer que ma famille ne faisait rien pour moi ou que je voulais montrer que je peux faire les choses seules. À leurs yeux, je semblais trop rêveuse et idéaliste pour une personne avec un handicap. À plusieurs reprises, je reçus des propositions comme user des mensonges pour pouvoir avoir le soutien du gouvernement. Je me refusai à ce jeu et au final, mon dossier n'aboutit pas. La personne qui s'en chargeait me rendit compte qu'on ne le retrouvait pas. J'étais déstabilisée et ne comprenais plus rien. Je pris sur moi la déception et j'arrêtai de croire que je pouvais compter sur l'aide de mon pays. J'étais à la neuvième année du handicap et je n'étais pas toujours reconnue comme tel. Je n'avais encore rien reçu comme aides ou dons pour améliorer ma vie. Il m'était incompréhensible que, parce que j'avais une famille, on ne puisse pas me venir en aide. Ma famille avait toujours fait sa part, moi la mienne et je comptais sur l'État pour soutenir nos efforts. En fait, je compris avec les années que mon pays (l'Institution) n'était en rien coupable, mais que j'étais juste tombé sur des mauvaises personnes. C'est ainsi que, les études ne purent pas être reprises et je dus continuer à vivre dans la précarité et l'espoir. À ce moment-là, il était question de savoir si vraiment je subissais toujours les influences de la sorcellerie ou si c'était juste la malchance.

Le courage d'avancer !

Je ne savais plus que faire dans ma vie, puisque rien ne semblait aller. Ma famille traversait des épreuves difficiles avec les maladies de mes sœurs, et les attaques incessantes de l'ennemi qui nous a longtemps maintenus dans le combat spirituel. Il fallait chercher la subsistance à gauche et à droite, en faisant taire en nous la honte et l'humiliation. Je connus des moments atroces quand il fallait avoir un médicament ou un morceau de pain qu'on ne trouvait pas à la maison. Jour et nuit, il fallait faire des emprunts et prendre des dettes interminables. Cependant, la foi en Dieu que nous avions permettait à chacun de transcender ces privations et manquements qui nous valaient des railleries. Lorsque ma famille prit conscience que concevoir la vie de cette manière rendait les choses plus simples à supporter, cela devint notre mode de vie.

Chapitre 19

Des nuages sombres

« L'Éternel nous a parlé à Horeb, en disant : vous avez assez demeuré dans cette montagne » (Deutéronome 1 : 6).

Loué soit le Seigneur qui guérit !

Tout le monde commença à ne plus avoir une mine triste devant les autres. Ce fut un changement étonnant pour notre entourage. Je n'avais plus à écouter les ragots et les paroles dévalorisantes des autres en mon endroit. Après quelques semaines, les jeunes solidaires avaient de nouvelles responsabilités et leur disponibilité n'était plus possible. Les rencontres devinrent impossibles. Je me résignai. Comme si cela ne suffisait pas les missionnaires aussi ne pouvaient plus venir constamment à la maison. Je cédai au découragement. Mais rien ne freina à long terme ma détermination et je repris vite courage pour avancer dans la vie. Je finis mes cours de correspondance biblique avec brio. J'attendais qu'on me remette mes diplômes et l'opportunité de pouvoir suivre une formation missionnaire qui devait être un bond en avant vers ma destinée et ma réussite. Et pourtant, les choses ne se passèrent pas comme voulu et je finis par vivre une double déception. Les missionnaires indisponibles ne venaient plus à la maison. Les jours passaient, et je fis face à un très gros chagrin. Malik dont je ressentais déjà l'éloignement, se sépara de moi. Je perdis tout repère. Je devins à nouveau la proie de toutes sortes de maladies spirituelles et mentales. J'avais grandi et j'étais devenue une jeune fille mature. Je ne voulais plus forcer les gens à me secourir, ni les choses pour qu'elles concourent à mon bien.

Après le départ des premiers unionistes que j'ai connus à cette époque de ma vie, je ne ressentais plus le désir de continuer à fréquenter ce groupe chrétien avec qui je n'avais plus de bonnes relations fraternelles et amicales. Eugène commençait à vivre sa vie loin de la maison familiale. Cela eut un impact négatif dans mes rapports avec l'église puisque que j'y allais à travers lui. Surtout que les pasteurs que je côtoyais en paroisse et à domicile étaient toujours mutés au moment où j'avais le plus besoin de leur aide. Je pouvais encore jouir des visites des anciens d'église les jours de Sainte Cène, et pendant les visites aux malades. Ceux qui étaient proches de moi, ne manquaient jamais de faire ce qui était à leur pouvoir pour moi. C'est dans cette atmosphère spirituelle que j'évoluais, parce que mes déplacements exigeaient d'énormes sommes d'argent, que famille et amis n'avaient pas toujours pour contribuer à mon épanouissement. Je pouvais compter le nombre de fois où je sortais de la maison en une année. Malgré cette vie recluse et enfermée, je me remettais au Seigneur pour que mon avenir soit meilleur. J'avais du mal à croire qu'une autre année s'achevait sans que rien ne change dans ma vie de manière significative et concrète. Certes, il y avait des vertus que j'avais acquises comme la douceur, la tempérance et la tolérance. Des mauvaises habitudes que je quittais peu à peu comme la rébellion, l'impatience, l'auto-flagellation. Je me sentais fière d'être enfant de Dieu et pourtant ce dernier semblait loin de moi. Ma vie avait-elle un sens réel ou un but précis que j'ignorais ?

Je venais d'avoir 23 ans. Ma vie reprit du calme. Dans ma famille, j'étais maintenant entourée des meilleurs soins, ainsi que de la présence quotidienne d'amis intimes. Des événements marquants firent de ma vie une joie. À travers mon expérience, le Seigneur fit de moi une véritable source d'aide pour de nombreuses personnes. Il m'a fait rencontrer des gens qui avaient des problèmes et des soucis dont ils ne comprenaient pas l'origine ou encore n'avaient aucune issue. Je me retrouvai étrangement à être une source de véritables conseils pour eux. À travers nos partages et nos discussions, j'avais aussi avec eux des entretiens individuels ou en groupe, à domicile ou à l'église. Aussi, retrouvaient-ils vite le sourire et le Seigneur agissait pour changer leurs vies. C'était devenu un ministère pour moi et j'étais heureuse d'être utile aux hommes et de pouvoir ainsi servir Dieu. Par une coïncidence de la vie, je repris mon amitié avec Malik qui ne comprenait pas la raison pour laquelle il n'arrivait pas à m'oublier. Cependant, j'avais prié et supplié le Seigneur de me libérer de cet amour qui ne menait à rien. J'avais appris par une autre de ses connaissances qu'il avait eu un concours et il le confirma. La formation était proche et son départ imminent ; en quatre ans, il n'était plus jamais venu à la maison et s'arrangea à le faire pour la deuxième fois pour notre amitié. Pour moi, je savais que la fin pour nous deux était proche, car bien de fois le Seigneur me le montra par des songes et des visions claires sur mon impossible mariage avec un homme toujours loin de moi et qui n'arrivait jamais à venir à ma rencontre. Tantôt c'était à cause des études, du travail, de la famille, tantôt des attaques ennemies que je subissais dans mes rêves. Je ne savais pas à qui confier mes luttes et ces problèmes qui semblaient créer en moi une confusion. Je me disais que le mariage était interdit pour moi selon ces rêves, et que je devais me faire une raison sur ma future rupture avec lui.

Durant cette année, je me demandais à nouveau si je n'étais pas appelée à devenir une religieuse et me rappela le conseil du Père Clément qui me dit d'attendre et de continuer le discernement. J'étais souffrante sur le plan spirituel et ma santé mentale se détériorait aux yeux de tout le monde. Mes parents avaient repris une vie normale. Cependant, je devenais paranoïaque et amnésique. Rien de ces deux choses n'avait été diagnostiqué par un médecin, puisque le manque d'argent ne permettait pas que je retourne à l'hôpital. Sauf que mes nuits étaient remplies de cauchemars et je ne savais plus quoi faire si ce n'est accepter de faire ce qu'on me demandait : prier. Ma famille continuait à compter sur l'aide de Dieu et celle de toutes les personnes qu'elle sollicitait pour nous soutenir. Mes sœurs étaient encore sous influence d'attaques ennemies ; je subissais encore moi aussi des oppressions nocturnes d'une femme de nuit : la femme aux mille visages.

La prière était devenue le pain quotidien de ma famille et je ne pouvais pas manquer de me ranger au culte familial. Au cours de mes combats, je fis appel aux anciens de l'église qui étaient des intercesseurs ; ceux-ci venaient prier pour moi. Je fus libérée des pressions énormes que je vivais dans mon être entier, mais je ne croyais plus à la guérison de l'infirmité de mon corps. De nouveaux problèmes familiaux firent que je mis un terme à ces séances de prières, surtout que les anciens n'étaient plus, eux aussi, disponibles pour m'apporter leur aide. J'étais perdue. Eugène n'était plus à la maison. Mes sœurs avaient leurs vies et je n'avais jamais eu l'habitude de parler de ma vie, même en famille. Je désirais repartir au ciel et ne plus connaître ces malheurs. Mais, la grâce et l'amour du Dieu n'étaient pas à leur terme, pour me faire continuer ce chemin vers ma destinée. Je nouai à nouveau une amitié qui me fit découvrir le sens réel de l'amour fraternelle. Je vécus des surprises extraordinaires d'une sœur chrétienne qui devint plus qu'une amie pour moi. Elle pourvoyait à mes besoins spirituels, matériels, psychologiques et même financiers, en soutenant les efforts de ma famille pour me permettre d'avoir une vie heureuse. Elle m'offrit ma première chaise roulante. En dehors de Natie, elle fut la deuxième et véritable amie dans la foi présente et active dans ma vie. Le lien qui nous unissait devint si fort que je n'avais plus besoin de l'appeler pour qu'elle sache que j'avais besoin d'elle auprès de moi. Elle savait écouter la voix divine qui la rendait présente pour moi à tout moment. Aujourd'hui, même si les océans me séparent d'elle, Fleur est et restera présente dans mon cœur. Je dis toujours qu'il y a deux types d'amitiés dans la vie : celles qui sont de passage et celles qui sont à vie. Cette sœur est une amie pour l'éternité. J'ai vu des amis d'enfance s'éloigner de moi, mes larmes n'ont pas suffi pour réparer mon cœur brisé. J'ai vécu des amitiés profondes et riches avec des membres de l'église qui parfois ont subi mes rancœurs et mes colères, mais elles sont restées présentes. J'ai vu des personnes dont la foi marqua ma marche avec Dieu me quitter du jour au lendemain, sans que je ne comprenne ce qui se passait. Peut-être que des malentendus créèrent une « barrière » inutile entre eux et moi. Je reprenais vite goût à la vie. Le temps passait si vite, et j'avais le bonheur de voir ma famille retrouver une vie meilleure avec le succès scolaire de mes frères et sœurs. Les aînés trouvèrent des activités qui leur permettaient de gagner leur vie et de venir en aide à la famille et à d'autres personnes.

La puissance de la guérison divine se manifesta dans ma chair en 2012. Après tant d'années à lutter pour la guérison des escarres, mon calvaire prit fin. Je n'oublierais jamais le cri de joie du frère Jo qui résonna dans l'église alors que j'annonçais la bonne nouvelle aux unionistes. Il était un de mes fidèles compagnons. Il avait crié : Alléluia ! Nous étions dans une soirée de jeunes. Tout le monde s'était aussi mis à crier alléluia ! Dix ans de souffrances atroces durant lesquelles j'avais considéré mon corps comme une épave, où je m'étais immunisée contre la douleur. Des années où les mots avaient tari sur mes lèvres. Mes yeux étaient devenus plus secs que les puits du désert. Seule la larme de ma mère me maintenait dans la réalité. Oui, pendant ces dix années j'étais bien plus morte que vivante. La guérison des escarres fut pour moi comme une victoire après la guerre.

Autour de moi, les gens ne pouvaient pas savoir ; j'entendais les propos malveillants de plusieurs : leur manque d'humanité et leur jugement sans aucun fondement, si ce n'était pour dire que ces grandes plaies étaient puantes. Ils avaient fini par associer la puanteur des plaies à ma personne. Mais moi, j'eus le désir de mon cœur exaucé, à savoir, voir les larmes de ma mère devenir des sourires. Peu de temps après, mon grand-père paternel vint à la maison. Il était déjà fatigué et très âgé. Homme pacifique et chrétien convaincu, il eut toute une année pour vivre avec sa famille. Il passa ses derniers instants de vie à nos côtés et ne manqua pas de vivre les réalités familiales qui caractérisaient la vie dans la maison de son fils. Il connut des moments de tristesse quand tout allait mal entre nous. Cette année-là, je me rebellai encore et me retournai contre mon père. J'étais à bout du supportable et je lui parlai farouchement devant tout le monde. Il faillit avoir un drame dans notre maison. J'étais une enfant avec la fureur dans le ventre. Plus tard, je m'en excusai, surtout auprès du Seigneur et de mon grand-père qui en avait eu le cœur brisé. Il comprenait bien ma souffrance et savait que je me battais pour vivre. Je n'étais pas une chrétienne parfaite, car il me faisait des remarques sur mes imperfections. Pourtant cet homme que j'appelais « mon chêne » « mon pilier » ou « le géant » avait ses propres défauts. Cependant, il m'apprit une chose capitale dans la vie. Un jour dans une conversation, il me dit : « Même si les gens te font souffrir pardonne et oublie ». Cette leçon de vie ne me quittera jamais. Elle fut très utile pour moi quand je dus renoncer aux blessures de mon passé et regarder avec amour toutes les personnes qui m'ont fait du mal. Elle m'aida à vivre et guérir des blessures liées aux imperfections de ma famille. Bien plus, elle m'aida à me pardonner moi-même et à avancer malgré mes échecs et défauts personnels. Je me décidai de retrouver mon ancienne nature : calme et réservée.

Le cœur léger, je recommençai à faire des efforts physiques pour retrouver ma motricité et les résultats étaient encourageants. Avec le soutien de ma grande amie Fleur, je pus recommencer les démarches pour prise en charge dans un Centre de rééducation. Ma famille m'aidait pour mes déplacements malgré certaines difficultés financières voire matérielles. Mon grand-père était très heureux de savoir que je pouvais retrouver l'usage de mes jambes. Il ne passait pas une minute sans me parler de la vie et de son rêve pour moi. J'avais du mal à tout saisir à cause du manque de connaissance de ma langue paternelle. Il aimait me dire qu'il voulait me voir mariée et avec des enfants, un travail et une maison, au-delà du handicap. C'était son plus grand rêve pour moi ! Je ne manquais jamais de lui parler de mes joies et de mes peines. Un jour où je m'entretenais avec lui et lui parlais de mes échecs dans la vie affective, il me donna encore une autre leçon de vie : « Ne regarde pas celui qui te quitte, mais ouvre ton cœur à celui qui te donnera véritablement le sien avec joie. Prie ma petite-fille, il vient celui qui me donnera ta dot. Demande à Dieu d'ôter l'hésitation dans son cœur et qu'il mette la foi en votre bonheur », me dit-il d'un cœur sincère. J'étais heureuse d'être à ses côtés.

Chaque jour, il avait une parole de sagesse pour moi. Sans cesse, il ne me parlait que de mon futur mariage. Alors que je n'avais même pas un prétendant à l'horizon. Il n'aimait pas me voir lui parler de mes doutes et de mon handicap comme un obstacle pour mon bonheur personnel. Je ne passais pas une heure sans parler avec lui et il aimait que « sa petite femme » soit présente à ses côtés. C'était mon privilège à moi de passer presque toutes mes journées avec un patriarche. Quand son état de santé devint préoccupant pour tout le monde, il se moquait de moi. J'étais toujours là près de lui pour voir s'il vivait encore ou pas dans ses moments de sommeil. Quand il se réveillait et me voyait là, mon grand-père me demandait si j'allais empêcher que le Seigneur le reprenne. Je disais toujours oui et que je ne le permettrai pas tant que je n'étais encore prête pour sa mort. Ceci devint un enragement entre lui, moi et Dieu. Il me promit de ne pas mourir et attendre que je sois forte.

J'eus du mal à suivre ma rééducation à causes des ampoules que j'eus suite aux effets indésirables des médicaments qu'un médecin m'avait donné pour soigner mes divers maux. Pendant ma rééducation, j'eus la grâce de connaître un jeune stagiaire. Léon se dévoua à me suivre de manière efficace. La Providence voulut alors qu'il soit en stage. Moi-même, je finissais la première partie de mes séances. Jusqu'aujourd'hui, je bénéficie de ses conseils pratiques en tant que jeune kinésithérapeute et ami. J'avais de nouveau relancé mon dossier dans un service social. Véronique s'était chargée de faire ma carte d'invalidité. Hélas, encore une fois la rééducation s'arrêta brusquement, faute de moyens financiers, en plus de mes blessures aux pieds. Rachetée de Dieu, je ne paniquais plus devant de telles adversités. Il me restait l'espoir que le gouvernement puisse me venir en aide selon les droits des personnes en situation de handicap. Ma déception fut grande quelques mois plus tard lorsqu'on m'annonça la perte de ma carte d'invalidité. La personne en charge de mon dossier ne la retrouvait pas. Tant de tragédies m'avaient rompue. Je me demandais si j'étais la seule personne sur la terre à vivre une telle vie. Oui ou presque, puisque je suis unique. Certaines vies se ressemblent mais ne seront jamais pareilles. Léon me soumit à la réflexion alors que je sentais ma mémoire perdue. Il m' assura jadis du bien fondé de cette exercice pour ma santé mentale et mon bien-être physique. Mais, j'étais un peu lente à suivre son conseil.

Chapitre 20

De nouveaux horizons !

« Pendant la nuit, Dieu apparut à Salomon et lui dit : demande ce que tu veux que je te donne » (1 Chroniques 2 : 7)

Adieux

Déjà à ma treizième année dans le handicap. C'était un exploit que je sois encore vivante. Il était certain que ma vie soit désormais sur une route droite et que je ne lâcherai plus la main du Seigneur. Il arrivait que les circonstances ne me permettent plus des sorties en famille ou entre amis. Au fond de moi, je me sentais malheureuse. Je vivais avec le sentiment que tout le monde m'évitait et que chacun trouvait comme prétexte mon déplacement compliqué, malgré la chaise roulante. Dès lors, je passais mes journées et mes nuits à pleurer. La télévision reprit de l'emprise sur moi, étant donné que mon amour pour l'art me poussait à regarder tout ce qui avait trait à la production écrite, à l'audio-visuelle et à la musique. J'appris énormément de choses durant cette phase morte de ma vie. Je me disais qu'il n'y avait rien de mal à apprendre à la télévision tout ce que je ne pouvais pas apprendre de manière formelle. Je ne me plaignais plus de ma vie et ne posait plus des questions à personne, même pas à ma mère. Il n'y avait que Lex qui parfois me bousculait pour que je me confie à lui. Quand ce n'était pas lui, je me confiais plus à Eugène. Rarement aux autres membres de ma famille. Je compris par la suite que mon attitude frustrait ou blessait beaucoup de personnes autour de moi. J'avais tellement d'amertume en moi et je ne savais plus du tout qui disait vrai ou qui me mentait dans tout ce que j'entendais des autres. Je finis par me rendre compte que j'étais responsable de ma vie, et qu'au-delà du handicap, nul ne pouvait décider de ce qui est mieux pour moi de peur de vivre sans cesse dans le regret.

Je reçus un jour la visite d'un des nouveaux pasteurs de la paroisse durant cette année. Le pasteur Gil et quelques anciennes vinrent passer un moment de partage avec moi à la maison. Étrangement, ce pasteur avisé remarqua que j'avais l'âme agitée et s'engagea à me venir en aide. Durant les mois qui suivirent, je fus soumise à un rythme de prières intenses avec lui et sans lui qui créèrent une véritable et nouvelle guerre spirituelle dans ma vie. Je bagarrais spirituellement de jour et de nuit avec la femme aux mille visages. Il fallait couper les liens avec cette femme et son compagnon de nuit aux mille visages qui me pourrissaient la vie. À ce moment, je me voyais dans des songes et visions luttant avec les esprits de la forêt, des eaux et même des forces dont j'ignorais l'origine. Il se disait que cette oppression pouvait provenir de n'importe où, du quartier comme du village, mais je ne m'y attardais pas. Je savais que tout le monde avait une empreinte dans le drame de ma vie. Plusieurs fois, j'ai voulu et j'ai fait des efforts surhumains afin de changer ma situation physique, mais rien. Tout ce que je faisais comme effort tombait à l'eau et ma famille pensait que je ne faisais rien. Il n'y a personne qui, ayant vécu le drame de ma vie, se complairait à demeurer dans cette situation. Je faisais tout mon possible et à tous les niveaux pour vivre. Un ami me dit un jour : « Tu as trois combats : le combat de la vie lié à tout homme, le combat spirituel et le combat pour vivre avec ce handicap. » Il fallait tenir compte du fait que je ne suis qu'une pauvre humaine. J'étais désespérée au point que Fleur, qui était venue me rendre visite durant son séjour au pays, finit par me dire un soir : « Arrête de survivre et vis. » Elle avait vu juste. Je ne vivais pas. Depuis lors, je fis le maximum pour vivre une vie simple.

Au regard de ce que j'avais traversé comme épreuves, je me suis promis de ne jamais critiquer la vie des autres, ni de les juger et pire, de les condamner, fussent-ils des païens ou des personnes de mauvaise réputation. Car je savais que la grâce divine et l'amour du Seigneur sont assez forts pour toucher et changer des vies. Je ne le dis pas pour approuver leurs mauvaises actions, mais juste parce que tout homme est faillible. La vie a tellement d'imprévus que même les chrétiens à la foi la plus solide peuvent tomber et ne plus jamais se relever. Quelle serait alors leur honte devant ceux qu'ils ont jugés et qui par bonheur viendraient à donner leurs vies au Seigneur. Pour moi, je pense que « Tout est grâce avec Dieu » ! Je n'ai jamais eu à fermer mon cœur aux autres, fussent-ils non chrétiens. J'ai toujours eu ma conviction personnelle sur la foi chrétienne et universelle, mais je ne suis pas de la race des chrétiens qui font de l'exclusivisme. J'ai appris à partager la foi des autres sans trop me montrer savante et ne pas critiquer ouvertement celles qui étaient différentes de la mienne ; je retiens ce qui unit leur foi à la mienne et me convainc selon la parole écrite de Dieu et je laisse le reste. En effet, je crois que chaque homme connaît la vérité suprême qui n'est autre que Dieu. Je peux vivre avec les personnes qui ne partagent pas ma foi, sans condamner leurs propres convictions. Ce n'est pas la lâcheté chrétienne, mais je me réfère au libre-arbitre. Je crois que nous n'aimons pas tous les mêmes choses dans la vie sinon, il n'y aurait pas cette affluence de nouveautés chaque jour dans le monde. Je m'efforce de renforcer la foi de ceux qui partagent la mienne et me laisse affermir par eux, tout en communiquant le message de la grâce de vie et d'amour que donne Jésus-Christ à ceux qui sont dans l'ignorance. De même, je vis avec la pensée que tel que je respecte la vie et les choix des autres, qu'il en soit ainsi des autres envers moi. Je ne me lance pas dans des discussions folles, vaines et inutiles qui n'édifient pas et ne concernent pas le message du salut et de la vie abondante qu'a donné Jésus au monde. Je vis avec pour mission de partager l'amour de Dieu et sa Grâce à tout le monde. Il est triste de voir des guerres de religions dans notre monde actuel alors que la vie de Dieu est simple. J'ai passé toute ma vie entre les mains des dirigeants d'églises et j'ai appris de chacun d'eux des leçons spirituelles qui font la base de ma vie chrétienne. Loin de me détruire, j'en suis venue à être plus riche de Dieu.

Chapitre 21

Les rachetés de Dieu

« Ils sont tes serviteurs et ton peuple, que tu as rachetés par ta grande puissance et par ta main forte » (Néhémie 1 : 10).

Joie et peine.

Je ne manquerai pas de parler de l'église locale qui m'a toujours accompagnée dans ma vie. Finalement, j'avais choisi l'Église Évangélique pour y vivre ma vie de foi. Sans pour autant dire qu'elle est la meilleure. J'avais juste écouté mon cœur. La paroisse fut une main secourable pour moi dans ma maladie et pour les périodes critiques de ma vie dont elle ignorait la gravité. Ma mère donnait en permanence de mes nouvelles et je recevais des visites périodiques des responsables. Bienheureusement, les pasteurs et anciens que je connaissais étaient des véritables guides spirituels pour moi. La présence et le secours du pasteur Gil en service cette année-là marqua son passage dans ma vie. Je pus avec la foi vaincre cette femme de nuit et son compagnon qui se disait être « un mari » pour moi. Puis vint la rupture avec Malik. C'était vraiment pour de bon. Notre rupture me laissa un chagrin immense. C'était vraiment la fin.

Une chose ne venant jamais seule, l'après-midi du 3 mars 2013, survint la mort de mon grand-père Eugène I. Il était âgé de plus de cent ans. La douleur était grande pour moi et j'étais inconsolable. Il était parti. Je me souviens que la veille de sa mort, j'étais entrée dans sa chambre comme d'habitude pour lui caresser la tête. Il ne pouvait plus me parler, mais il m'écouta en silence. Je lui fis comprendre que c'était dur de le voir me laisser « seule » dans ma détresse. Il me rappela qu'il avait dit que jamais je ne serais seule car le Seigneur avait mis des gardes autour de moi. Il me promit de parler de moi aux habitants du ciel ! J'avais souri et chanté des cantiques. Il y avait un qu'on aimait bien chanter à deux ; il avait réussi à me l'apprendre dans notre langue (*J'ais soif de ta présence*), ce dernier soir avec lui, je mis la joie à lui faire cet hommage. Minée par la douleur de la séparation, mais heureuse de l'entendre fredonner le chant à son tour. Le lendemain jour de sa mort, je me rendis dans sa chambre un quart d'heure plus tôt. Je devais lui dire de partir que de rester souffrir, bien qu'il ne fût pas malade. Son corps était déjà fatigué et fragile. Je pus lui faire des promesses et lui dire mes adieux. Je n'avais pas assisté au deuil de sa femme et je résolus d'être là pour son deuil, quitte à payer le prix. C'était un évènement particulier, vu que mon grand-père était le patriarche de toute la famille. Et aussi le doyen d'âge de notre village et des villages voisins. Son deuil se passa comme une fête et tout se termina en beauté.

De retour du village, que je revis après un exil de dix ans en ville pour cause de sorcellerie, je me sentais soulagée d'avoir dit adieu à celui qui a été un havre de paix et une pierre de soutien pour moi et pour de milliers de gens durant sa vie. Mon tendre grand-père était un patriarche ; et il est mort dans la plénitude de la vie, à plus de cent ans sur cette terre où il a si bien servi Dieu et les hommes. Son deuil fut unique et un bel hommage lui fut rendu malgré les ombres noires qui voulurent à nouveau agir contre ma famille et moi. Je remercie le Seigneur de m'avoir fait connaître et aimer ce grand homme qui avant de mourir, m'a dit un jour : « Ma petite fille, même si un jour, tu apprends que j'ai contribué à ta souffrance, je te demande une chose : pardonne et oublie. Un avenir heureux est devant toi », me conseilla-t-il.

Peu de temps avant le départ de mon grand-père, j'avais affronté mon père, le rendant en quelque sorte responsable de ma souffrance. Je n'oublierai jamais ce conseil de sage que j'avais eu comme dernière volonté. Pour sa mémoire, c'est le message de ce livre face à toute souffrance que je donne entre mes lignes à savoir pardonner et oublier. L'année 2013 ne s'acheva pas dans la tristesse. Le souvenir de ce grand homme hantait encore la maison, parfois laissait dans nos cœurs des rires et des soupirs. Cependant, il fallait avancer et continuer à réaliser nos projets de vie. Il avait vécu pleinement sa vie et n'éprouva aucun regret au terme de celle-ci. Il tenait à ce que nous bannissions la tristesse pour que nos vies soient agréables et paisibles.

Avant la mort de mon grand-père, un mariage se pointait à l'horizon, celui d'Eugène et de sa fiancée nouvellement connue dans notre famille. Les préparatifs allaient bon train, parfois à reculons, mais ce que Dieu dit s'accomplit. Malgré la douleur et l'absence de grand-père, nous pûmes enfin nous consacrer au mariage qui devait avoir lieu en décembre. Notre famille ne connaissait jamais un progrès sans soubresauts ; puisque les préparatifs du mariage furent difficiles. Mon frère traversa une épreuve difficile juste au moment de se marier. Mais la grâce fut encore agissante pour que ce qui fut impossible en un an, Dieu le rende possible en une semaine. Il accomplit cette union en trois jours ! Ce fut un vrai miracle et une célébration de mariage mémorable.

Pendant ces mois, je ne faisais pas grand-chose et la lassitude me gagnait peu à peu, je n'avais qu'un seul désir : voyager, partir au loin. Je soupirais comme toujours après la liberté, et me renfermais chaque jour un peu plus. Ce qui n'était pas une bonne décision pour moi. L'isolement prolongé est capable de créer de graves dépressions et de détruire la personnalité. Une chose que j'ai apprise à mes dépens. Je ne sortais plus tout le temps de la maison, encore moins de ma chambre. Les amitiés se faisaient rares et quelques amis véritables que j'avais s'étaient éloignés et se faisaient absents dans mon quotidien à cause des contraintes de la vie. Je ne comprenais plus rien et finis par sombrer dans un profond désespoir. Au fond de moi, je me sentais déçue, un sentiment d'échec m'avait envahie et noirci mon âme. Je ne m'ouvrais plus à personne sur le plan relationnel, ayant nourri en moi la peur d'être à nouveau rejetée, abandonnée et trahie par les autres.

Chapitre 22

Des ombres !

« Souviens-toi Seigneur de ce qui nous est arrivé, regarde, vois notre opprobre »

L'impasse

Habituellement ouverte et pleine de vie, j'étais devenue presque intolérante envers les autres. Sans m'en rendre compte, j'avais bâti un mur de protection autour de mon cœur, espérant ainsi ne plus souffrir. À la maison, j'avais toujours vécu dans une profonde peur, c'est pourquoi le sentiment d'insécurité résiste dans ma vie et crée parfois en moi un profond manque d'assurance. Les problèmes conjugaux de mes parents avaient refait surface. Ils s'aggravèrent et devinrent ma nourriture quotidienne. Mon âme en souffrait tellement et mon esprit en avait marre. Plusieurs fois, il m'est arrivé de sombrer dans l'irritation, la colère, la rage et même la fureur surtout contre mon père à qui je me suis très souvent confrontée et opposée pendant toutes ces années. Il est de manière indirecte pour quelque chose dans la survenance des maladies spirituelles, mentales et émotionnelles que j'ai connues. Les souffrances qu'il infligeait à ma mère provoquèrent en elle chagrin et brisement, elle qui était mon soutien majeur dans mon épreuve. Tout cela m'étripait douloureusement. Tant de blessures et de ressentiments en moi ! J'en arrivais à éprouver une colère farouche pour lui, ce qui paradoxalement me rendait encore plus triste car je ne le devais pas : il est mon père et je me dois de l'aimer.

L'amour et le courage de ma mère étaient un réconfort pour moi en l'absence de mes frères et sœurs. Pendant des années, j'ai vu mon père être si violent avec ma mère tant en paroles et en actes gratuits connus de tout le monde, que j'en ai été détruite. Il ne se rendait pas compte qu'il faisait de moi une enfant paralysée à vie, ce que je pensais avant que Dieu ne me montre le contraire. Mes frères et sœurs commençaient à prendre leur distance et leur indépendance. Ce qui ne plaisait pas toujours à notre chef de famille. Quant à moi, je vivais plus qu'avant dans la peur du pire ; sans cesse j'éprouvais des terribles angoisses quand je me retrouvais seule avec mes parents à la maison parce que je savais que mon père profitait de ces instants où il pouvait martyriser ma mère à son bon plaisir. Elle était devenue prisonnière dans sa propre maison. Moi, j'étais minée par mes blessures intérieures, le rejet et la honte de soi due à mon état physique, sans oublier l'opprobre que connaissait ma famille à cause de mon père. À cela s'ajoutait surtout une honte profonde pour la vie de mes parents qui détruisirent en moi et dans la vie de leurs enfants, surtout les filles, les rêves d'un mariage heureux. Nous étions tous comme ballotés par ce mauvais vent. Par des chemins tortueux nous nous sommes mis à la recherche des compensations émotionnelles, lesquelles entrainèrent des conséquences parfois douloureuses et des décisions sans retour.

Ma rupture avec Malik m'avait anéantie. Puisque j'avais d'un part choisi de rester la fille à papa, au lieu de prendre le risque de devenir une femme. Je perdis l'unique sentiment de confiance qui me restait à l'égard des hommes. En toute ignorance, mon père par ses actes avait détruit la petite fille en moi et pour Malik, l'épouse que j'aurais pu être. Après tant de blessures et d'échecs essuyés, tant d'hésitations et de refus d'aimer et surtout d'être aimée, il est cruel de miroiter un amour éternel à l'autre quand on sait qu'on n'ira pas jusqu'au bout de la relation. Une promesse qui tarde ou ne s'accomplit pas, est comme une épine dans la chair. Je rentrais dans ma coquille. Je ne manquais pas de prétendants malgré ma situation, mais soit ce n'était pas agréable à Dieu, soit je mettais mes expériences passées devant comme barrières pour ne pas m'engager avec un homme. J'étais devenue amère. Malgré tout, cela n'empêcha pas que la majorité de mes connaissances et amis soient les hommes. Y avait-il quelque chose à apprendre dans ces épisodes répétitifs de ma vie ?

À ce stade de ma vie, je me retrouvais dans une impasse, déchirée entre toutes sortes de volontés, pour au final, ne plus croire en rien même pas en Dieu et en moi-même. Ma famille entra dans le train d'une vie de prière parfois écrasante et épuisante pour vaincre les tensions, tant l'oppression réelle faisait rage. Rarement, je voyais des gens heureux autour de moi, les cœurs étaient malheureux malgré quelques moments de réjouissances qui finissaient toujours en larmes et en humiliation, quand une seule personne décidait de quand nous devions être contents ou pas. Je haïssais au fond de moi cette vie de bonheur éphémère et ne contrôlais plus mes émotions. Je redevins rebelle à toutes les décisions familiales qui ne me plaisaient pas. Je me révoltais contre toute figure d'autorité qui parlait de droit sans le respecter. Je revendiquais mes droits et mon libre-arbitre. Sauf qu'il faut l'avouer, j'étais atteinte d'une colère maladive, raison pour laquelle on n'aimait que me voir sourire. Mon combat intérieur était si grand et difficile que je sombrai vite dans la fausse culpabilité qui me rongea à grand feu puisqu'à des moments, je cédais à tout, ce qui devint pour moi des liens spirituels difficiles à délier: occultisme, spiritisme, exorcisme, divination; En plus de liens psychologiques déjà fort présents en moi: amertume, angoisse, colère, ressentiment, rancoeur. Je me sentais incomprise du monde. J'étais perdue et je voulais me retrouver sur le chemin de la vie. De plus, je voulais pouvoir, pour une fois, être après Dieu qui m'a créée, maîtresse de ma vie et de mes choix. Jamais, on ne m'avait donné cette opportunité d'être responsable de ma vie et de réaliser mes projets personnels. Quelques fois, j'ai eu ce sentiment et j'ai eu des instants de bonheur inoubliables, mais c'était toujours la volonté des autres qui gagnait sur la mienne.

La dépression me gagnait et je n'avais qu'un cœur rempli de larmes et de douleurs. Comme toujours, Dieu dans Sa grâce vint subvenir à mon besoin de liberté et d'évasion. Il réalisa par la voie d'un groupe d'amis fidèles, deux rêves que j'avais dans mon cœur. Je pus retrouver ma communion avec les frères et sœurs de l'église. Et pour la première fois de ma vie, je partis en vacances. C'était un camp de vacances qu'organisaient les unionistes. J'avais tant voulu y aller les années antérieures que je n'y pensais plus à cause des circonstances et des problèmes de ma vie. Cette fois-là, Dieu avait tout prévu et ma volonté détermina le reste.

Nouveaux horizons !

Mon premier voyage après plus de cinq ans de sédentarité. Je me réjouissais tant en même temps que la peur et l'angoisse gagnaient mon cœur à l'idée qu'une maladie, un imprévu ou une décision familiale ne viennent encore briser mon cœur et ôter ma joie. Je découvris une partie de la région de l'Ouest, après le Littoral et le Centre. J'ai eu un grand plaisir à faire ce voyage avec le groupe bien que je cheminais avec ces jeunes depuis des années, que je sois née spirituellement, et grandis parmi eux ; je n'étais pas encore une unioniste active. Au début de cette aventure, les jeunes étaient distants envers moi peut-être parce que j'étais la seule personne en situation de handicap moteur parmi tout le reste ; cela me refroidit durant les premiers jours. Puis, je me mis à m'ouvrir aux plus courageux qui venaient vers moi, bien que la plupart de mes relations avec ce groupe se formait grâce à mon lien de parenté avec Eugène. Je souffrais encore du fait que ma vie à l'église était cachée sous l'ombre de mon frère, et qu'on me connaissait beaucoup plus comme sa petite sœur handicapée et pourtant je voulais être connue pour moi-même. Je n'avais pas de complexe à l'égard de mon frère et comme on partageait tout, je finis par lui faire part de mon souci et nous avons décidé ensemble qu'il était temps qu'il s'efface un peu quand je me trouve avec les membres de l'église ou les jeunes du groupe. L'amour et la compréhension d'Eugène, en plus de notre résolution firent en sorte que les jours qui suivirent pendant ces vacances, bien que tellement courts furent mémorables.

Chapitre 23

Des jets de bonheur

« Seigneur ! Tous mes désirs sont devant toi et mes soupirs ne te sont point cachés » (Psaume 38 : 10).

Persevère

Durant ce camp, j'avais peur, car j'avais encore les escarres en pleine cicatrisation, j'étais fragile et mes problèmes d'incontinence n'étaient pas connus. À travers mon amitié avec Clara, je pus me familiariser avec Mme Vicky, une aînée à nous. Elle fut pour moi une véritable bénédiction. Elle prit soin de moi comme une mère et sans aucune gêne. Elle veillait à mon épanouissement, ma lessive, ma nutrition et mon bien-être. Ceci suscita l'intérêt des autres pour une personne dans ma situation. Je la vis plusieurs fois piquer d'un bec les personnes qui me causaient du tort. C'était une expérience unique. Au bout de quatre jours, les jeunes étaient épanouis. Je fus mise en confiance. Je n'avais plus besoin de parler pour être comprise et soutenue. Sauf quelques fois et même quand je gardais le silence, certains étaient inquiets. Je pus intégrer et redresser une commission qui avait des problèmes dans le domaine de la Communication. La jeune équipe était fière de m'avoir avec elle. J'ai été citée comme membre de ladite Commission à la fin des activités. Bien que mon action ait été un peu méconnue, tout se termina bien. Mon appel était ailleurs vers un autre pâturage. Ces vacances furent riches en expériences dont je viens de relater les plus marquantes selon moi. Les enseignements et ateliers étaient des réponses à mes nombreuses prières. Je pus m'entretenir avec les orateurs pendant des entretiens, et pour la première fois parler en public. J'ai pu parler de moi sans aucune honte ni peur. Je ne l'avais jamais fait auparavant. Il m'était difficile de le faire sans trembler ni pleurer, et chaque fois que j'en parlais avec des amis, les souvenirs et blessures me nouaient la gorge. Des cœurs furent marqués et touchés, ce qui me réjouit. Au cours de ce camp, parmi les enseignements et ateliers, j'entendis parler d'un responsable du groupe chrétien Jeunesse en Mission. J'avais déjà été touchée par les chansons de ce groupe et j'aspirais secrètement à devenir un jour missionnaire à plein temps.

Depuis ce dimanche matin-là, dans la petite église du village où j'avais été touchée par le service de mon grand-père, le rêve de travailler à l'œuvre de Dieu m'emballait et taraudait sans cesse mon esprit. Je n'avais pourtant aucun moyen ni aucune ressource pour entrer dans ce ministère. Le missionnaire Biwolo, responsable principal de cet autre groupe chrétien fut content et heureux de mon ouverture par rapport aux enseignements sur la Mission qu'il avait donné, et de mon désir de devenir missionnaire. Il m'aida à accomplir mon vœu d'intégrer le groupe Jeunesse en Mission, en me facilitant le contact avec un autre missionnaire avec qui il oeuvre et qui habite non loin de chez mes parents. Ceci , pour faciliter mon suivi dans ce nouveau chemin. À ma grande surprise, le missionnaire Mouako que m'avait recommandé son confrère Biwolo était aussi un de nos responsables du camp. Il était sans cesse assis près de moi ! Ma joie fut grande puisque j'avais de bons rapports avec ce dernier. Au départ, il fut surpris par mon approche, puis content et partant ! Il me donna rendez-vous après le camp. Le retour ne tarda pas et ce fut un au revoir chaleureux. Je m'étais fait de nouveaux amis. Certains supportaient avec amour « mes harcèlements » ou mes replis. Nous fûmes si heureux qu'à la fin du Camp, les jeunes avec qui j'ai le plus sympathisé me retrouvèrent à ma place habituelle à l'extérieur de la salle de rencontre. Nous étions dans la cour de l'établissement qui nous a accueilli. Alors que j'exprimais ma reconnaissance au jeune Esaïe et à ses amis, ceux-ci m'offrirent un revoir merveilleux et solennel avec une merveilleuse chanson *My life is in your hands* qu'ils interprétèrent en cercle autour de moi. Ce mini concert improvisé était tellement inattendu, imprévu et émouvant. Il attira les autres unionistes autour de nous. C'était une belle fin de vacances.

Le mur

Mon mal être avait disparu pendant ces dix jours passés loin de mon environnement conflictuel, tant dans la famille que dans mon entourage. Pendant le camp Eugène et moi apprirent la naissance du dernier enfant d'Emilienne. Nous avons remercié le Seigneur pour sa bonté. J'étais en joie et un nouveau souffle de vie m'animait le cœur. Pendant ces vacances, je découvris et perfectionnai un don que le Seigneur Jésus-Christ m'a donné : le don d'aide. J'étais devenue sensible au fardeau des autres sans même qu'ils ne m'en parlent. Et je ne manquais pas de leur apporter mon soutien dans l'accompagnement spirituel et psychologique. Je ne savais pas encore que ce soit là la Mission que je me dois réellement d'accomplir sur la terre. Seul mon frère Eugène était au courant de mon désir d'être missionnaire et aidante ; il me soutenait dans ce chemin et me rappelait sans cesse qu'un jour je le serai. Le bonheur et l'épanouissement avec lesquels j'étais rentrée à la maison familiale avait changé ma vision de la vie et des choses. Je recommençais à entreprendre et faire des rêves nouveaux pour ma vie comme celui d'ouvrir mon Centre d'aide et d'accueil pour éduquer, encadrer et former des jeunes. Faute de ressources, je finis par renoncer à beaucoup d'activités et de rêves, sauf celui de devenir Missionnaire et d'aider les autres. Ma famille finit par comprendre que c'était mon chemin. Je voulais recommencer à vivre et à faire de nouveaux pas dans la vie. Il fallait renouer avec des relations brisées, je faisais tout pour retrouver le chemin de l'église par mes propres moyens et relations vu qu'Eugène vivait désormais dans une autre ville. J'étais seule face à mon destin.

Une nouvelle année arriva, et la vie ne s'arrêta pourtant pas aux séparations et aux ruptures. Elle continua avec de nouveaux commencements et départs. Pour les jeunes et les enfants, j'étais un modèle et une véritable source d'aide. Je ne manquais pas de m'entretenir avec eux en groupe ou individuellement. Je pus m'ouvrir à d'autres personnes en dehors de mon voisinage et de ma communauté chrétienne. Et je prenais à cœur de noter toutes les leçons que me donnait la vie. Plusieurs fois, je fus sollicitée pour rédiger des articles. Malheureusement, je ne pus véritablement faire publier mes écrits ni donner des enseignements ou des exposés, encore moins des séminaires voire des conférences à cause de mes complexes. Je me sentais insignifiante et incapable de faire de grandes choses et surtout en public. C'est ainsi que je mis un terme à ma rubrique *Le droit au bonheur* dont les articles étaient publiés sur Facebook. Pendant ce temps, je relançai la communication avec le missionnaire Mouako qui m'avait fait une promesse. L'année s'écoulait et je ne savais pas si je devais espérer et compter sur lui. Il m'encouragea à prier et me lança un défi : *celui de croire sans voir.* Hélas, j'étais déjà dans un état désespéré et opprimé. Je ne voulais plus croire sans voir, mais voir avant de croire. Mes petites activités commerciales tombèrent en faillite. Les maladies et accidents me suivaient au point que je renonçai à sortir de la maison. Je ne voulais plus faire des efforts, même sur le plan spirituel ma foi avait chancelé et j'étais à bout.

Au moindre incident, je me défendais même par mon silence. Je ne savais plus ce qu'était la douceur dans mon cœur. Elle avait été remplacée par la douleur. Je m'étais enfermée sans le savoir dans ma propre prison, loin de tout ce qui était l'expression de ma véritable personnalité. Je me sentais perdue et sans cesse troublée pendant que les autres étaient libres d'eux-mêmes. Aveuglée par mes douleurs et mes souffrances, celles de ma famille et de ma mère. Mon système de croyance se limitait à mes propres pensées et à ma vision de la vie. Je ruminais sans cesse les choses passées et refusais d'y faire face pour mieux vivre mon présent. Je refoulais mes émotions brisées en me focalisant sur un avenir lointain. J'avais le désir de rester seule et loin dans ma chambre pour ne plus affronter les autres. Je me disais et croyais que Dieu même me rejetait dans ma situation et ma vie n'avait plus de sens. Je ne connaissais plus le repos ni la paix, de jour comme de nuit, partagée entre mes tourments. Les conflits familiaux m'avaient fait perdre la foi véritable au plan et projet de Dieu pour ma vie. Je ne comprenais plus rien et n'avais aucun choix devant ces circonstances pénibles et douloureuses. Je finis par tenir mes parents coupables de nos malheurs car leurs conflits avaient exposé notre famille et l'avaient déstabilisée. Les abus d'autorité de mon père avaient généré la révolte, l'individualisme, la dérive dans nos vies et chacun vivait emporté par tout vent. Moi, j'avais choisi le renfermement et la dureté du cœur.

Chapitre 24

Sables mouvants

« Car l'Éternel prend plaisir à son peuple, Il glorifie les malheureux en les sauvant » (Psaume 169 : 4).

Séquelles

L'an 2015 était là. J'étais devenue exigeante envers les autres et moi-même. J'avais fermé mon cœur à toute relation, surtout quand elle avait tendance à devenir affective en ce qui concerne les hommes. Je décidais de qui aimer ou pas, qui devait entrer et demeurer dans mon cœur ou non, même dans ma famille. J'avais coupé les ponts avec ma parenté éloignée et mis des garde-fous avec ma famille proche. Le pont qui m'aida à prendre le chemin de la restauration divine fut mon désir de prendre un nouveau départ dans la vie. L'influence négative de mon père sur ma vie et mes relations était devenue un obstacle majeur à mon développement personnel et mon épanouissement. Je n'étais plus une adolescente, mais une jeune fille en mal de vivre. J'étais devenue une personne pessimiste par rapport à l'avenir et peureuse pour ne pas dire pleurnicheuse, comme la petite fille d'autrefois. Mes sentiments étaient déréglés par mon vécu difficile, je voulais m'affirmer et ne laissais plus personne me faire souffrir plus que de coutume. Rejetée, je rejetais les autres. Je rendais les coups aux autres et ne voulais plus être traitée d'incapable en me focalisant sur ma croissance intellectuelle. Tout me poussait à vouloir prouver ma valeur aux gens par mon intelligence, même sans instruction. Hélas, j'étais mal dans ma tête, et mal dans ma peau malgré mes efforts.

Devant les figures d'autorité, toute personne ayant du pouvoir ou un moyen de pression contre moi, j'étais stressée et insécurisée. Je ne respirais que la peur et me sentais vulnérable. Ma famille m'avait fait développer la fausse culpabilité pour des choses dont je n'avais aucune responsabilité. C'était mal, et je ne me sentais plus en paix au milieu des miens. Ce qui me rendait vulnérable aux attaques de l'ennemi. Mes relations avec les autres restaient compliquées. Ma relation intime avec Dieu était entrecoupée. Je devenais amère comme mon père et voyait Dieu comme lui : insensible à ma douleur. Je finis par ouvrir la porte de mon cœur et de mon corps aux maladies psychosomatiques. Je devins du jour au lendemain fragile émotionnellement. J'avais sans cesse des céphalées, des maux d'estomac, des troubles respiratoires, des angoisses, de l'anxiété, des migraines et aussi des insomnies à cause du vide, du manque et sans oublier le découragement, la tristesse et tous les mauvais sentiments contre les autres. Mes pensées et même mes prières étaient accusatrices. Ma personnalité était détruite et le rejet social m'avait changé. J'avais fabriqué un personnage toujours joyeux aux yeux des autres et triste dans mon cœur. J'étais devenue mon propre ennemi et égoïste en me focalisant sur moi. Je ne savais plus où était la vérité. Encore moins si j'étais encore sur la route de Dieu et avec Dieu. Était-il au courant de mon cœur brisé ? Je gaspillais mon énergie à refouler des injustices et abus en sombrant dans les maladies causées par les traumatismes et mes silences. À un moment de la vie, je croyais que la mort était la solution, mais chaque fois la pensée que Dieu même me renverrai sur la terre me faisait rechercher la paix. Les expériences de ma vie avaient nourri mon âme de mensonges enracinés dans mon cœur. Il me fallait une nouvelle vie. Avais-je seulement renoncé à l'ancienne. Avais-je déjà affronté mes vieux démons ? Non. Il me fallait revenir sur le droit chemin, quitter l'emprise des faux prophètes qui étaient pour moi des dangers.

Non pas que je fus en relation avec des prophètes ; juste que je devais renoncer aux fausses paroles et mensonges qu'on avait dits de moi, aux mauvaises confessions que j'avais faites moi-même sur ma vie et qui m'avaient détruite. Je savais que tout changement allait être brutal et commencerait par ma famille. Ma relation avec mes parents qui par leurs vies ont été la cause majeure de ma souffrance émotionnelle et de ma crise identitaire. Ils ont déformé la belle image de la vie que j'avais en moi et brisé ma propre personnalité. Au lieu de me donner la sécurité dont j'avais besoin, ils m'ont plongée dans l'insécurité. Les autres m'ont dénigré, surtout à cause du sentiment d'incapacité que j'éprouvais de ne pouvoir être à la hauteur des attentes qu'ils portaient à mon égard. Cela se vérifiait davantage dans les domaines où ma motivation était plus attendue. C'est ainsi qu'à mon regard, je perdais ma valeur aux yeux des hommes. J'avais mal et souffrais tellement si bien que rien ne me disait plus grand-chose. Je me résignai à une vie monotone, en attendant impatiemment les quelques moments de réjouissances qu'on pouvait avoir en famille. Il fallait compter sur ma sœur Suzanne pour mettre « l'ambiance » dans la maison. Elle m'a toujours été en bénédiction dans ces moments-là. Je ne compte pas le nombre de fois où ses « folies » consistaient à me réveiller avec des jets d'eau au visage ou un objet qui me ferait sursauter puis rire de jour comme de nuit. Elle sut comment trouver des thématiques humoristiques à toutes les situations de détresse familiale et par elle, nous avons appris à transcender nos peines et en faire des sujets de joie. Cela nous a rendus forts et endurants. Et cette façon d'agir fit en sorte qu'aujourd'hui, au-delà de notre passé, nous apprenons et continuons à aimer et respecter davantage notre père, sans sombrer à tous les coups dans l'océan de douleurs. C'est bien d'avoir une experte en gestion des conflits dans la maison ! Notre famille est devenue à nos yeux un petit État où chacun a sa place et sait comment agir ou gérer la vie pour la rendre plus gaie. C'était plus plaisant pour nous tous de prendre la vie ainsi. On aurait dit qu'à chacun était dévolu un rôle ou une mission particulière. De mon côté, j'apprenais peu à peu à voir mon père avec amour sans le juger. Après tout, lui aussi avait ses raisons, en plus de ses blessures.

Au courant de cette année 2015, j'eus le désir d'être unioniste selon le règlement et pouvoir m'entretenir sur la foi pour ma croissance spirituelle avec les jeunes. Je pus en parler avec des frères dans la foi et l'un d'eux s'engagea à venir partager avec moi sur l'Évangile au quotidien. Jérémie était fidèle à nos moments de rencontre et ce furent des moments bénis. De jour comme de nuit, parfois même sous la pluie, Jérémie était zèlé pour le service. Ce qui ne m'empêcha pas de lui dire un jour : « J'arrête ! ». J'étais refroidie et honteuse de ce qu'il était parfois témoin, comme quelques autres amis qui me rendaient visite, des déboires de ma famille. J'avais honte et, sous l'emprise de mon père qui avait sur nous tous les pouvoirs, je me suis plainte à Dieu et j'en ai parlé à deux ou trois personnes de confiance, mais en vain. Je finis par suspendre les visites avec les autres en sa présence, et ne recevais plus les gens que quand j'avais un problème urgent ou par surprise. Comptant sur le soutien bien qu'à distance des rares amis qui me restaient dans ma vie quotidienne. Mon seul réconfort était que je grandissais dans ma vie de prière. Je renouai donc avec la lecture biblique pour ma compréhension personnelle. J'eus aussi à ce moment la grâce de revoir le missionnaire Mouako. Après un temps de prière, et à travers des entretiens, je pus échanger avec lui sur ma vie et la sienne et voir comment allait se passer notre cheminement ensemble. Il me parla de son expérience et me fit encore part de la grandeur de l'Amour de Dieu pour moi, ce à travers mon histoire. Il me rassura de son soutien. Il me fallut encore rester dans l'attente et l'incertitude de ce qu'allait être ma vie à cette période-là. Toutefois, je savais que j'étais sur la bonne route.

Dans mes relations avec mon voisinage, j'avais décidé de pardonner et d'oublier, en renouant avec mes amis d'enfance même si les choses ne sont plus comme dans le passé. Je vivais en paix avec tout le monde et ne me laissais plus influencer négativement, profitant de tous les bons moments que je pouvais passer avec chacun ou en famille. Tout ne fut pas toujours bon et ma vigilance était bienvenue. Je vivais chaque jour en me disant que l'avenir était prometteur malgré mes craintes. Je croyais sans croire et ne voulais plus penser au problème de lien spirituel encore présent dans ma vie. Il m'était difficile de reconnaître qu'il y avait des influences négatives mise à l' œuvre dans ma vie. Peu importait le témoignage des autres, les signes personnels que j'avais et les manifestations muettes de ces esprits étrangers. Je me confortais dans ma position de chrétienne. La vie me souriait un peu. J'assistais de nouveau aux rencontres de l'église et des unionistes avec l'aide des frères et amis, en plus du soutien de ma famille qui commençait peu à peu à comprendre ma détresse. Je me donnai pour objectif de réussir mon suivi et pouvoir devenir unioniste ; après, poursuivre mon œuvre en faveur des personnes dites handicapées. Je fus une excellente apprenante et le 12 Décembre 2015, je devins unioniste. J'étais heureuse, et pourtant mon chemin n'était pas encore nettoyé. Il fallait enlever les mauvaises herbes qui s'y trouvaient et s'étaient enracinées sur le sol de mon cœur. Malgré mon impatience, l'espoir était permis pour moi.

Chapitre 25

Une porte ouverte

« Or, à celui qui peut faire par la puissance qui agit en nous, infiniment au-delà de ce que nous demandons ou pensons, soit la gloire dans l'Église et en Jésus-Christ, dans toutes les générations et dans tous les siècles ! Amen. » (Ephésiens 3 : 20-21).

Captivité.

Je fuyais mes problèmes internes et m'en rendaient esclave. N'étant pas tranquille malgré les masques de paix et de joie que je mettais sur mon visage, à cause de certaines pressions, j'avais le sentiment d'inutilité et de honte en moi. Tant de blessures parentales m'avaient déchiré le cœur, en plus de celles reçues de ma communauté chrétienne. Oui, même dans nos différentes familles chrétiennes, nos coeurs sont parfois écorchés. C'était difficile pour moi de trouver la guérison. Le sens des vraies valeurs de la vie était perdu pour moi. Je tombais dans des compromis charnels et mondains incompatibles avec ma foi. Mes émotions blessées, j'avais du mal à reconnaître ma valeur personnelle. J'avais perdu toute raison d'être et de vivre, suite à un grand déficit affectif dans le cœur. J'étais devenue otage de mes émotions négatives et ne croyais plus vraiment en l'Amour de Dieu pour moi. J'avais subi une vie difficile et une souffrance émotionnelle atroce. Tous ces problèmes avaient affecté ma croissance, sans oublier que je subissais le poids d'un handicap qui fragilisait mon corps. J'intériorisais toutes mes souffrances et n'exprimais plus rien sur mon chagrin. Et lorsque je le faisais, c'était avec fureur, voulant me libérer des maladies émotionnelles enfouies en moi au point où ma colère était redoutable et un sujet de conflit sérieux. Je me sentais responsable des malheurs de ma famille, comme un fardeau pour eux et indigne d'amour. Je vivais dans une attitude de déni, et l'auto-flagellation fit de moi une personne dépressive. Incomprise dans mon manque, je me faisais du mal à moi-même en m'auto-dévalorisant pour confirmer les paroles des autres dans ma vie. J'avais peur et m'accrochais à toute personne qui pouvait combler partiellement le vide en moi, mais pour fondre aussitôt en larmes à son absence. L'absence était pour moi synonyme d'abandon. Mes parents, mes amis étaient présents physiquement, mais absents dans ma vie intérieure. La tension intérieure permanente qui me détruisait augmentait mes problèmes d'incontinence et de honte. Je n'étais plus vraiment écoutée et ne participais plus aux événements majeurs de la vie . Désocialisée, je vivais dans mon monde à moi, comme un enfant dans le ventre de sa mère, jusqu'à ce que je fasse table-rase de mon passé.

J'étais devenue une adulte en âge, mais je demeurais une enfant sur le plan émotionnel. Mes relations étaient entièrement brisées et je comptais le nombre de personnes qui étaient encore actives et présentes dans ma vie. Comme une de mes sœurs me l'avait si bien dit un jour, je mendiais l'amour auprès des gens. Cet amour qui donne le sentiment de valeur et de dignité à l'autre sans rien exiger, ni rien attendre en retour. Un amour inconditionnel, que seul Dieu peut vraiment donner pour combler le vide dans le cœur de l'homme. Les conséquences de ce déséquilibre psychologique m'avait fait basculer tantôt dans le rejet, tantôt dans la rébellion contre tous ceux qui tentaient de contrôler ma vie ou de décider à ma place, ce parfois, même pour de bonnes raisons. Au lieu d'être libre de moi-même, je croulais sous les murs de ma propre prison intérieure, et j'étais aussi captive des quatre murs de la maison familiale au point de ne plus connaître tout ce qui était autour, même les changements au quartier ou chez les voisins. Le handicap faisait rage et je me détestais pour mon incapacité physique. Je ne pouvais même pas orienter les visiteurs pour venir à la maison sans demander secours à un proche. Je n'aimais pas ce sentiment d'échec et de vulnérabilité. Et je renonçais à tout.

Le chaos.

Je vivais le chaos, plongée dans la noirceur de l'existence. Ayant franchi toutes mes limites, grimpée tous les sommets en vain. Je me disais que la vie était injuste envers moi. Sauf que dans ces moments sombres, on n'oublie très souvent que la vie en elle-même est une Grâce. Mon cœur réclamait l'amour de Dieu et l'amour des hommes. Un amour qui devait redresser et guérir toutes les malformations de ma personnalité. Mais mon cœur qui avait trop souffert avait aussi développé des mécanismes pour se protéger du monde extérieur. Tout était anormal dans ma vie : naissance mal vécue, discrimination et marginalisation, en plus du rejet social, l'abus sexuel qui m'avait souillée, les conflits parentaux et familiaux épuisants, les déceptions amoureuses liées au handicap, et l'éloignement des amis. Toutes ces choses faisaient de moi une jeune fille triste, toujours mélancolique. Je ne tenais plus à la vie et méprisait mon existence. Je me rendais sans cesse malheureuse et avais pitié de moi-même. Par-dessus tout, je cherchais à résoudre mes problèmes ou à combler mes besoins par mes moyens personnels, bien que toujours insuffisants. N'étais-je pas devenue une manipulatrice à force de chercher la consolation auprès des autres ? Je ne m'aimais plus et haïssais mon corps, ainsi commença ma lutte avec Dieu. Je m'étais renfermée sur moi-même et ne voulais plus rien croire de bon pour ma vie. Je cédai vite à un labyrinthe de dépressions successives ; mes pensées étaient sans cesse confuses. Mon cœur était troublé pour un rien. J'étais victime de fatigue et de paresse, ne voulant plus rien essayer, ni fournir aucun effort, de peur d'échouer ou de montrer mes incapacités et mon incompétence. Je me sentais petite et inutile face aux succès et à la réussite des autres. Gagnée par le découragement et la frustration, je voulais tout abandonner, par manque de repère. Or, toute ma vie, j'ai voulu être motivée et challengée au niveau de la foi qui déplace les obstacles. Sauf que, j'ai très souvent été découragée ou orientée vers le contraire de ce qui est pour moi « le fardeau de Dieu dans mon cœur », puisque le rejet avait paralysé ma capacité de discerner clairement et voir comme Dieu voit ma vie. J'étais sans espoir, sans perspective d'avenir, sous l'emprise de l'ennemi et ne comptant plus sur personne. J'avais perdu ma foi d'antan en Dieu.

Chapitre 26

La main de Dieu

« Invoque-moi au jour de la détresse et je te répondrai ; je t'annoncerai de grandes choses, des choses cachées. Que tu ne connais pas » (Jérémie 33 : 3).

Examen de soi.

Il est difficile à un homme d'accepter et de vivre une souffrance dont il ne se sent pas responsable. C'est encore plus difficile d'accepter qu'il ne soit pas forcément en tout innocent, mais qu'il a une responsabilité personnelle dans ce qui arrive dans sa vie. La cause est très souvent l'ignorance de sa propre identité qui ne dépend d'aucun homme ni d'aucune chose, mais de Dieu. Cependant, peu importe qu'il soit victime-innocente ou victime-responsable, il est essentiel que l'homme se connaisse lui-même. Sa connaissance de lui-même va le pousser à connaître Dieu et les autres pour se libérer des émotions négatives et guérir des blessures profondes que son être entier a accumulé tout au long de sa vie avant qu'il ne craque et ne s'écroule sous le poids de ses souffrances. Qu'il passe ses jours et ses nuits à pouvoir se définir face à une société qui change, la finalité sera toujours une mauvaise image de soi. Or, pour être épanoui et heureux dans la vie, il faut d'abord savoir d'où on vient, puis où on va. J'ai dû l'apprendre à mes dépens. Dans ma quête de la guérison et d'un bonheur parfait, je me suis plutôt perdue dans les eaux troubles de ce monde. Je ne savais plus du tout qui j'étais réellement, mon chemin étant plein de brouillard, sans aucune lumière devant moi. J'avais perdue tout équilibre, et je vivais sans vrais repères, comme un homme malade et qui l'ignore. Une guerre sans merci se livrait en moi et il fallait un vainqueur. Très vite, je me retrouvai dans l'océan de la déprime, emportée par les vagues de la dépression, croulant sous les murs de la détresse, et embarquée dans le train de la mort. Oui, une mort lente et inconsciente. Et une seule question me revenait sans cesse dans la tête : Qui suis-je ?

Je ne savais pas vraiment qui j'étais, car ma vie entière, je l'avais passée à tellement écouter et suivre la voix des autres, que je ne m'écoutais plus moi-même. Encore moins Dieu ! J'avais une pensée de moi qui était fausse et qui ne pouvait donner qu'une image brisée de moi. Brisée par le rejet, l'humiliation, le manque et les privations, qui me faisaient vivre au quotidien dans la honte. Une honte qui ne me quittait pas, et qui avait marqué ma vie au fer rouge. Il m'a fallu le secours divin pour me tirer de ce gouffre infernal. J'eus ce secours un matin en mars 2016, alors que je reçus la visite du missionnaire Mouako au domicile de mes parents. Après un échange, il m'annonça que j'allais pouvoir faire une formation à *Jeunesse en Mission* ! Pour moi, c'était comme un chemin ouvert dans le désert. Une nouvelle source d'eau vive qui venait désaltérer ma vie asséchée par les épreuves du temps et de mon histoire. Des épreuves qui m'avaient fait perdre ma valeur, et mon identité propre. Ma vie se résumait à la pensée de l'enfer, à celle des hommes sur moi, si bien que je n'avais plus aucune pensée personnelle, aucune volonté de vivre et tout espoir semblait vain et perdu.

Depuis ma petite enfance, je n'avais pas la parole facile, pour exprimer clairement mes désirs et les mots de mon cœur. À cause de mon apparence physique, je me sentais indésirable ou de trop dans la vie des autres. Toute vie avait déserté mon cœur et mon existence était réduite aux choses élémentaires : se lever, manger, boire, causer et dormir. Rien ne put être facile au début de cette nouvelle aventure, car ma famille craignait pour moi, compte tenu des risques que mes sorties m'avaient toujours fait prendre et des accidents déjà connus par le passé. Mais j'étais une fois de plus déterminée. J'étais un peu complexée certes, puisqu'ayant manqué le premier jour. Je dus cependant affronter courageusement mes camarades de formation et leurs visages surpris et interrogateurs, sans parler de l'étonnement des encadreurs et enseignants. C'était une première pour eux !

Ma faible estime de moi me rendait petite et insignifiante selon mes pensées face aux autres, puisque la plupart étaient adultes, étudiants et travailleurs. J'étais une des plus jeunes étudiantes à la fin. Le chemin ne fut pas facile. J'avais des troubles émotionnels et affectifs liés à mon handicap, mais pour moi cette formation devait me permettre d'aider les autres. Ce que j'ignorais c'était le combat qui m'attendait au cours de ce que j'ai fini par nommer la formation CRAC. Je me suis une fois de plus revue dans l'état d'une personne abusée, faisant face à l'injustice, le rejet social et toutes sortes d'abus, suite aux évènements qui ont impacté ma vie. Ma vie intérieure était sombre voire carrément morte. Au fil des jours, je dus me confronter à une dure réalité que je niais durant toute ma vie : j'étais belle et sous influence de la puissance de l'ennemi. Une légion de personnes en voulait à ma vie ou se plaisait à voir ma misère. Des attaques et des forces spirituelles très puissantes se disputaient ma vie. Elles m'empêchaient d'avoir une véritable vie chrétienne comme après ma conversion au christianisme. Je n'avais plus aucune intimité avec Dieu. De plus, je pris conscience que ma vie était remplie de soucis et de tourments liés à mon physique difforme, malgré mes efforts pour garder la joie. Ce n'était plus facile de mettre un vrai sourire sur mon visage qui était plus souvent morose. Je vivais dans une profonde tristesse. À cause des attitudes des uns et des autres envers moi, je me trouvais repoussante et refusais en retour tout regard de pitié sur moi. Mon cœur se ferma aussi malheureusement à toute manifestation d'amour venant des rares personnes qui le témoignaient sincèrement. C'était incroyable de constater à quel point j'étais devenue dans ce même chemin vers la mort, une personne insensible à toute douleur, surtout à ma propre douleur, ce qui se vérifiait quand on me faisait les soins : aucun cri ne se faisait entendre de mes lèvres. Ma famille se posait des questions et ma mère restait silencieuse, cherchant toujours un signe de vie dans mes cellules et dans mon corps meurtri.

Ma vie quotidienne était devenue une somme de négligences, d'échecs personnels et de paresse en toute chose.

Oui, sans m'en rendre compte, ma vie passée avait fait de moi une personne agressive et nerveuse et quand les autres me renvoyaient cette image méchante de moi, je finis par perdre l'expression de mes sentiments et de mes émotions, pour ne plus rien dire à personne. Cela n'était pas suffisant puisque je me suis entêtée à faire des choses qui ne me donnèrent aucune joie véritable. Je voulais prouver à tout le monde que je pouvais aussi réussir dans ma vie, que je n'étais pas cette personne incapable et insignifiante que mon physique présentait au monde. Au cours de cette année-là je passais les jours entre la maison et le Centre Missionnaire. J'en étais ravie et heureuse, mais mon brisement intérieur devenait de plus en plus douloureux. Je n'arrivais plus à supporter tout cela toute seule. On aurait dit que ma famille était en ébullition et que toutes les personnes qui voulaient m'aider dans cette lutte acharnée pour ma vie ne manquaient pas de trouver des difficultés sur leur propre chemin de vie. Je n'oublierai pas mon valeureux chauffeur. Oliver aurait pu renoncer à me conduire de jour et de nuit, parfois à des heures tardives, qu'il fasse soleil ou qu'il pleuve, contre vents et marées. Il ne put se dire vaincu comme moi, malgré les accidents et les incidents qui parfois donnaient des sueurs froides à mes encadreurs et des inquiétudes à ma famille. Des phénomènes spirituels ou naturels se produisaient à mon départ, mon arrivée ou lors des cours si bien que parfois je m'excluais de la salle pour un suivi particulier afin de ne pas perturber les autres. Ma volonté était déjà perturbée, tantôt j'étais faible, tantôt j'étais forte, fatiguée d'être rejetée et rebelle. Le Centre missionnaire était pour moi semblable à un hôpital où mes maux de jadis furent diagnostiqués, traités et pour certains guéris.

Dans le désespoir naît l'espoir.

Pour me sortir de ce train roulant vers la mort, il me fallut ressembler à un meuble poussiéreux dont on use d'un grattoir pour enlever la saleté. Je partais du rire aux larmes, secouée par les eaux douces de l'amour, du pardon, de la compréhension qui se manifestaient à travers l'écoute et l'encadrement que me prodiguaient les missionnaires. Je leur suis infiniment reconnaissante pour tout leur dévouement et leur amour. J'appris à reconnaître, à accepter et à affronter les traumatismes, ainsi qu'à revoir mes convictions et mes valeurs, pour que se transforment peu à peu mes pensées. C'était une véritable restauration. Pendant ces mois d'apprentissage, je me suis sentie revivre. Je dus apprendre à reconnaître mes émotions, à les accepter et dompter mes peurs. Tant que je ne reconnaissais pas mes problèmes, il n'y avait pas d'issue facile pour tout le monde. Je restais en proie à l'insécurité et à la captivité, aux prises des esprits méchants familiaux et extra familiaux, jusqu'à ce qu'un soir dans ce Centre Missionnaire, Dieu vint à mon secours dans la bataille. Parmi les braves serviteurs et servantes de Dieu de ce Centre Missionnaire, j'étais soutenue dans cette bataille singulière par le missionnaire Biwolo et la missionnaire Lam comme Aaron et Hour soutinrent Moïse lors du combat contre Amalek. Exode 16:11-13. Or, ce soir là, il étaient absents et il me fallut compter sur l'unique grâce de Dieu. Assistée par un couple de missionnaire, je pus libérer le pardon et proclamer la victoire du Christ sur ma vie. J'avais pris position pour Dieu et Dieu ébranla le règne de l'ennemi en moi. De l'étonnement à la peur, de la peur au combat, du combat à un accompagnement spirituel et psychologique, ma vie eut de nouveau de la valeur. Je retrouvai ma santé mentale, ma dignité et mon estime. Je renonçai à me renier à cause de la fausse culpabilité que je me faisais à cause de l'image plus ou moins réelle que les autres avaient de moi. Puis je laissai Dieu me redonner une nouvelle jeunesse. Cette année-là fut couronnée par la guérison de mes blessures émotionnelles. Je pus achever avec sagesse et force mon apprentissage et je réussis à obtenir mon certificat, ce qui faisait de moi une conseillère en Relation d'Aide Chrétienne, avec les félicitations de mes promotionnaires et des missionnaires qui m'ont aidé à tenir jusqu'à la fin. Dieu, dans son amour pour moi, avait aussi touché les cœurs de ma famille et de mes amis pour que tout concoure à mon bien. Il est véritablement le seul Maître de la vie, du temps, des circonstances et de l'histoire. Il m'a relevé.

Chapitre 27

Renaissance

« Israël, mets ton espoir en l'éternel ! Car la miséricorde est auprès de lui. Et la rédemption est auprès de lui en abondance. » (Psaume 130 : 7).

Un nouveau chemin.

Après mon apprentissage, je repris une vie normale et heureuse. Libérée de la honte et de mes peurs. Au-delà du handicap, j'étais à présent consciente de ma vraie valeur et de l'amour de Dieu pour moi. Je m'étais promis de chérir ses valeurs auxquelles je croyais et qui avaient un sens nouveau pour moi : amour, dignité, fraternité, amitié, et d'autres concepts qui procuraient de nouveau paix et joie à mon cœur. Peu importe si les gens m'aimaient ou pas, ce n'était plus une cause de grande tristesse en moi. Tout ne fut pas si facile, puisque l'œuvre de restauration avait à peine commencée. Ma famille me voyait différemment et mon rapport avec elle changea. Je commençais à prendre chacun tel qu'il est et à savoir jouir de ce qu'il pouvait apporter dans ma vie. Cette attitude s'étendit à toutes mes relations. Je ne laissais plus personne me rabaisser ou me donner le sentiment de n'être rien ou de vivre en vain, preuve que j'avais aussi grandi en maturité. Je pris mes distances avec tout ce qui pouvait de nouveau m'entraîner dans la perte de ma joie de vivre. Je n'avais plus de rêves ni d'envies que je ne pouvais réaliser, ni satisfaire à l'instant. Je décidai de ne plus me dénaturer pour les autres, quitte à ce que mes paroles ou mes actes ne plaisent pas aux autres. Il fallait que je pense un peu à moi. Je pus me rendre active sur les réseaux sociaux et militer à travers une série d'articles personnels sur la situation des personnes en situation de handicap au Cameroun et en particulier dans ma localité. Ce qui m'a fait repenser à mon projet. Je le fis sortir du placard pour essayer une fois encore de lui donner vie. Une sensibilisation avait été faite pour une Conférence dans une salle que le service pastoral et les anciens de l'église évangélique locale de Biyem-Assi avaient mise à ma disposition. Malgré les indisponibilités des uns et des autres, elle eut lieu le 03 Décembre 2017 comme prévu. Je célébrais aussi mon trentième anniversaire le même jour ! Un autre mystère de Dieu sur ma vie puisque c'est aussi la Journée Internationale des personnes en situation de Handicap. Je passai une fin d'année merveilleuse en compagnie de mes frères cadets et de mes neveux qui m'offrirent une belle sortie de Noël. C'était la première de ma vie, et nous étions vraiment heureux. Pour le Nouvel an, j'étais à la maison avec des amies à moi et nous parlions de l'année écoulée et de nos perspectives pour la nouvelle. Je pourrais aussi dire un merci à mon cousin Franki qui assurait désormais de façon pratique mes sorties selon mes vœux. Ma relation tendue avec ma famille devint paisible. Oui, Dieu était à l'œuvre.

Je travaillais à aider les autres dans le cadre de mon apprentissage en me laissant encore mouler et transformer moi-même, pour finir par comprendre que ma situation n'était pas la fin de tout, ni une fatalité. C'est pourquoi, plusieurs personnes qui me rencontraient se sentaient encouragées et édifiées. Arriva le moment où, je pris en compte le conseil de Léon. Je décida d'écrire mon histoire. D'abord sous la forme d'*une thérapie personnelle,* afin de guérir et de permettre que d'autres puissent connaître mon parcours. Mon histoire ne devait plus rester une simple thérapie , mais devenir un témoignage. Après maintes hésitations, je m'y suis lancée avec joie, fouillant dans mes souvenirs, mon ressenti des choses vécues et le témoignage de ma famille et de ma mère qui est pour moi tout un musée. Elle me facilita la rencontre avec moi-même depuis ma conception et Dieu cicatrisa les blessures de mon passé. Tout me semblait encore possible pour moi, malgré les obstacles. J'aimais à me dire : demain sera meilleur. Il fallait y croire !

Chapitre 28

La rechute

« La plus grande des choses, c'est l'amour » (1 Corinthiens 13 :13).

Une pierre de chute.

Au cours de ma petite vie, j'avais appris tant de choses, rencontré tant de gens et connu le monde jusqu'à ses profondeurs les plus sombres, car comme j'aime le dire, même la mort m'a affrontée tant de fois et faillit me vaincre et avoir raison de moi. Sauf que, Jésus-Christ qui est La Vie l'avait déjà vaincue pour moi. Ô mort, où est ton aiguillon ? Non pas que je suis une personne invincible ou que je le mérite. Loin de là, car pour moi : Tout est Grâce ! Mes épreuves passées furent à mon insu des bénédictions, des ferments réservés par Dieu pour moi. Maintes fois il me rattrapa dans ma course folle à travers les couloirs des mérites que j'avais délaissé, pour me ramener vers une Vie de Grâce abondante telle que décrite en Jean 10 :10. Je voulais à nouveau tout mériter par mes efforts personnels et prouver par mes réussites au monde que j'existe et que j'ai aussi un mot à dire. Or, Dieu dans Sa Souveraineté n'était pas d'accord avec moi. Une fois de plus, je m'entêtai jusqu'au jour où j'eus encore un accident de voiture en rentrant d'une rencontre chrétienne. Le chauffeur m'avait abandonnée à l'intérieur, alors que la fumée envahissait la voiture. Je commençais à respirer la fumée et l'essence quand il se souvint de moi après avoir été alerté par des voix extérieures. Cette nuit-là, j'ai repensé à la période de ma formation et j'eus la force de ne pas pleurer. Je ne savais pas qui agissait dans ma vie à ce moment-là, Dieu ou le diable ? J'étais déboussolée car l'année précédente, toujours pour assister aux rencontres chrétiennes, j'avais eu un accident de moto plus grave que les années d'avant. En effet, mon pied s'était enfourché dans les rayons de la moto en pleine circulation. Il se rognait sans que je m'en rende compte, ni moi ni mon accompagnateur, ni le chauffeur un peu discret. *In extremis*, je finis par ressentir des douleurs, je fis signe à mon accompagnateur qui commanda au chauffeur de s'arrêter.

Quelle tristesse j'avais causé aux miens et surtout à ma mère qui m'avait mise en garde contre la sortie de ce jour-là ! Nous venions pourtant de remercier Dieu d'avoir mis fin au règne du diable et des escarres. Je n'oublierai jamais ses tendres soins avec le soutien d'Olivier qui a fini par devenir médecin. Une longue période de soins et de vaccins avait suivi, malgré l'indifférence du chauffeur. Mon pied fut sauvé, et je restai avec des séquelles visibles à vie. Les portes de l'hôpital m'attiraient. Heureusement pour moi, j'avais désormais mon médecin personnel. Cette pensée me vaut une bonne santé jusqu'à maintenant et je ne suis plus sous l'emprise des médicaments. J'ai alors pris conscience que le handicap n'est pas une maladie. J'avais dès lors changé de moyen de déplacement. Je délaissai la moto pour le taxi, même si le coût de ce dernier était pour moi exorbitant. Ce qui forcement devait limiter mes sorties.

Après mon dernier accident, je pris l'engagement de rester à la maison malgré la douleur de mon cœur qui se sentait en cage et ma soif de liberté. Je m'arrangeais à nouer ou solidifier mes amitiés et relations à travers les correspondances numériques et téléphoniques, sans pour autant me fermer à la vie. La famille célébra les réussites académiques de mes jeunes frères et la réputation de notre famille fut rétablie. Nous étions à nouveau des personnes à fréquenter, avec qui on pouvait dorénavant compter. Certains parmi nous pendant ces années, avaient pu donner à notre famille une nouvelle génération qui faisait notre fierté et nous pouvions parler de prospérité, bien que, pour moi, j'avais toujours le sentiment tapi au fond de mon cœur que mon bonheur se trouvait ailleurs et loin de ce milieu qui m'a détruite à petit feu. Je levai à quelques boucliers de protection. Je me limitais aux proches et amis intimes dans mes rapports avec les autres, et me contentais de faire des choses simples mais valeureuses de la vie. Je jouissais des taquineries d'Olivier ou de Jean-Jacques quand je voulais jouer à « je ne parle à personne ! » à la maison. C'était ensuite des fou-rires qui me comblaient de bonheur. J'appréciais mes balades dans les rues avec Jean-Jacques, mes espiègleries avec Olivier, les coups de fil que je passais à nos aînés. Avec ces petits plaisirs, ma vie reprenait ses couleurs. Je reste certaine que malgré l'adversité, mes parents, et les autres membres de ma famille, restent pour moi un abri sûr. J'aime mes parents, et mon amour pour ma famille reste intact. Car nous ne choisissons pas les familles où nous naissons, mais Dieu dans Sa Sagesse connaît la raison et le but de notre présence dans chacune d'elles. C'est une assurance-vie pour qui croit.

Chapitre 29

Champs de blé

« Veillez ! » (Marc 13 : 17).

L'envol

J'avais définitivement pris ma vie en main. Elle n'était plus obstruée par des pensées noires et des rêves impossibles. C'était désormais le contentement et la satisfaction trouvés dans les moments qui se présentaient à moi. Je pouvais parfois ressentir la douleur, mais que pouvais-je faire ? Juste la dominer. J'avais tout essayé, même si beaucoup diront non. Sauf que moi, c'est ma vérité. À cause de mes multiples rechutes, je dus faire face à de nouveaux combats, sans toutefois sombrer dans la peur et la panique. Ma vie était devenue calme et mon chemin était joyeux par la présence de personnes avec qui je partageais des amitiés proches ou par correspondance pour les plus éloignées de moi. Pendant mon apprentissage, j'avais connu un ami affectueux qui partageait mes joies et mes peines. Il savait tout de moi et se montrait parfois rigoureux ou tendre selon les circonstances. J'en étais fière, et il m'encourageait beaucoup à continuer à apprendre de nouvelles choses. Il vivait très loin, mais par rapport aux autres, il était le plus proche de moi. C'est aussi avec joie que j'ai salué la présence de Monsieur Moineau dans ma vie. Il savait partager mes fardeaux et me redonner du sourire. Et même quand il y avait entre nous des incompréhensions, des malentendus et des non-dits, on savait maintenir et entretenir notre amitié. Je faisais des formations en ligne pour m'occuper l'esprit, mais je ne parvenais jamais à avoir mes certificats, ce qui m'irritait mais je me consolais dans les connaissances reçues qui allaient certainement me servir dans l'avenir. Par-dessus tout, une réalité sublime soutenait mon existence : je m'étais décidée à laisser les autres vivre leurs vies tranquillement, et de mon côté, orienter et bâtir la mienne. Mon lien avec ma famille se resserra, bien que certains aient déjà quitté le nid. En même temps, j'entretenais et approfondissais ma relation de communion avec Dieu. J'entrepris de mener une vie de prière intense où je demandais à Dieu d'ouvrir mon chemin de vie. J'étais prête, avais-je pensé et dit à Dieu, à accepter tous les sacrifices que cela me demanderait. Je voulais tant être libre et indépendante. Pour ce faire, il me fallut refaire le lien d'amour brisé avec mon père.

Tout au long de ce récit j'ai parlé de lui non pour qu'il soit jugé, mais pour que le monde sache que les paroles, et les actes des uns peuvent avoir pouvoir de vie ou mort sur les autres. Aussi, afin que mon témoignage puisse contribuer à l'unité dans les familles et la paix entre les hommes par des liens d'amour, car moi, j'ai un grand amour pour mon père. Oui, j'ai eu mal dans ma jeunesse. Cependant, je n'oublie pas que ma mère à un moment donné de mon enfance semblait loin, mais plus tard, elle m'a donné la force et le courage de vivre. Au-delà des failles qui furent les siennes par le passé, mon père aussi est un homme qui a le coeur sur la main, il m'a donné comme héritage son sourire, ainsi que sa joie de vivre. Il n'a juste pas été le *Super Héros* de mes rêves de petite fille. Je ne remercierai jamais assez le Seigneur pour eux, car mes parents envers et contre tout , ont un amour immense pour moi. Ma vie en est la preuve. Vers le milieu de cette année-là, contre toute attente et sans trop d'espérance dans le cœur, ma famille reçut beaucoup de nouvelles ; elles étaient bonnes, et en ma faveur. Je me demandais si Dieu ne me mettait pas de nouveau à l'épreuve, à travers ce chemin qui s'ouvrait dans le désert de ma vie. Le sacrifice était énorme. Il était vraiment question de foi et d'amour pour Dieu ou pour les hommes. Pourtant, je présentai l'excuse de Moïse : « Qui suis-je pour un tel privilège ? » Je continuai avec la peur de Jérémie : « Je suis trop jeune ». Les luttes de Joseph furent mon lot au quotidien. C'était un grand rêve et une vision inouïe sauf qu'il me fallait avoir la foi d'Abraham. Quitter mes parents, la maison de mon père, ma patrie pour un monde inconnu. Je compris alors que la foi d'Abraham était réelle et vraie. Il a vraiment aimé Dieu pour le suivre comme un aveugle et recevoir sa bénédiction. Toutefois, par rapport à Dieu, j'avais raté le test Divin. Dieu se réserva le droit de me faire attendre. Il me mit dans une autre position d'attente, car je lui disais des mots de bouche mais j'étais encore incapable de tenir un engagement divin. On ne se moque pas de Dieu ! Mon amour était dissipé dans le désir de plaire à tout le monde. Je voulais pouvoir faire des choix judicieux par rapport aux opportunités qui s'offraient à moi, et prendre de bonnes décisions pour que ma vie plaise à tous. Or, cela fut difficile voire impossible. Car dans la vie, peu importe les choix que nous faisons, il y aura toujours des personnes qui ne seront pas contentes de nous, mais est-ce pour autant qu'il faille passer à côté de ce qui pourrait ou saurait faire notre bonheur ?

Chapitre 30

Nouveau départ

« Ah ! Seigneur, écoute attentivement ton serviteur. Donne aujourd'hui du succès à ton serviteur, et fais-lui trouver grâce dans sa vie » (Néhémie 1 :11).

Après une année difficile et forte en émotions, je me sentis encore fragilisée par les épreuves de ma vie, mais j'avais compris la leçon de Dieu. Je savais qu'il avait une destinée pour moi et que jamais il ne faillirait à son projet. Il fallait davantage bâtir mon caractère et être patiente. Ce n'était pas une chose facile de vivre une vie de dépendance depuis tant d'années, encore plus difficile de vivre au jour le jour avec un handicap. J'ai dû apprendre à me taire devant Dieu et rester en retrait face à l'adversité des humains.

L'année 2019 était à son début. J'étais toujours en vie et pour moi c'était l'essentiel. Il m'arriva de ne plus mettre les autres sous pression par rapport à mon existence, en prenant tout mal en patience. Et je me soumis à la Grâce divine pour laisser à Dieu le soin de faire de moi et de ma vie selon son bon plaisir. Je développais le principe que ni moi, ni les autres, encore moins le diable, personne n'aurait plus ni droit, ni pouvoir, ni souvenir qui influencerait ma vie, en dehors de la volonté et de la grâce de Dieu pour moi. J'étais résolue à obéir et à payer le prix. J'ai eu de nouveau la visitation de Dieu. Au cœur de mon attente, Dieu plaça sur ma route un homme qui vit en moi un talent caché, et fit son entrée dans les coulisses de ma destinée. Monsieur Pascal vint comme une main invisible guider la mienne pour mettre en lumière une vie qui a une grande valeur aux yeux de Dieu. Une étoile destinée à briller.

Au moment où j'achève la rédaction de ce livre dont j'ai mis des années et connu des luttes pour écrire, je peux dire avec certitude que Dieu a ôté mes peurs, chassé mes doutes et m'a donné des raisons de croire et d'espérer. Je suis prête à affronter mon destin et à prendre ma vie en mains, sans aucun regret ni aucune honte. En effet, quand je regarde mon passé et tout ce que j'ai traversé, je prends conscience que les hommes ont voulu tirer profit de ma vie et prendre ce qui est et devra toujours rester La Gloire de Dieu dans mon histoire. Dieu est Souverain. Lui qui connaît les pensées du cœur de l'homme, dont le mien, ne l'a pas permis. De ma naissance à ce jour, il a fallu emprunter des chemins jamais simples, pleins d'embûches, d'obstacles et faire des choses qui ont risqué faire de moi une personne désespérée et malheureuse. Mais Dieu, le seul Maître et Pourvoyeur des grâces, voyant mon cœur plus que tout et son amour infini et inépuisable pour moi, a continué de me garder en vie. Il a fini par me donner une santé stable et une raison de le remercier chaque jour. C'est pourquoi, j'ai voulu partager avec l'humanité l'immensité de Sa Grandeur et la Richesse de son amour pour les hommes. Tout se résume dans son amour pour moi qui me donne la grâce de vivre. Dans sa tendresse, manifestée à travers mes proches dans ma vie, il renouvelle ma foi chaque jour pour que je voie tout le chemin parcouru avec lui et les progrès vers où il me conduit à chaque défi, devant chaque obstacle, pendant chaque épreuve et tentation. Il me rassure toujours de sa présence. Il ne m'a jamais abandonnée ni délaissée au cours de mon pèlerinage dans ce monde et je suis convaincue qu'il ne le fera jamais. Je pourrais lâcher sa main comme ce fut le cas à certains moments de ma vie, mais il me la reprendra toujours pour avancer jusqu'à la fin de ma vie sur cette terre. Et tant que cette assurance sera dans mon cœur, je continuerai d'espérer contre toute espérance.

"Les batailles de la vie ne sont pas gagnées par les plus forts ni par les plus rapides, mais par ceux qui n'abandonnent jamais."

Table des matières

Printed by Books on Demand GmbH, Norderstedt / Germany